心一堂術數古籍珍本叢刊

書名：批注地理辨正再辨直解合編（下）

系列：心一堂術數古籍珍本叢刊　第二輯　堪輿類　202

作者：【清】蔣大鴻原著、【清】姚銘三再註、【清】章仲山直解

主編、責任編輯：陳劍聰

心一堂術數古籍珍本叢刊編校小組：陳劍聰　素聞　梁松盛　鄒偉才　虛白盧主

出版：心一堂有限公司

地址/門市：香港九龍旺角西洋菜南街五號好望角大廈一〇〇三室

電話號碼：+852-6715-0840　+852-6633-7949

網址：sunyata.cc

電郵：sunyatabook@gmail.com
　　　publish.sunyata.cc

網上書店：http://book.sunyata.cc

網上論壇：http://bbs.sunyata.cc/

版次：二零一七年十月初版

平裝：兩冊不分售

定價：港幣　五百八十元正
　　　新台幣　二千二百元正

國際書號：ISBN 978-988-8317-89-9

香港及海外發行：香港聯合書刊物流有限公司

地址：香港新界大埔汀麗路三十六號中華商務印刷大廈三樓

電話號碼：+852-2150-2100

傳真號碼：+852-2407-3062

電郵：info@suplogistics.com.hk

台灣發行：秀威資訊科技股份有限公司

地址：台灣台北市內湖區瑞光路七十六巷六十五號一樓

電話號碼：+886-2-2796-3638

傳真號碼：+886-2-2796-1377

網絡書店：www.bodbooks.com.tw

台灣讀者服務中心：國家書店

地址：台灣台北市中山區松江路二〇九號一樓

電話號碼：+886-2-2518-0207

傳真號碼：+886-2-2518-0778

網絡書店：http://www.govbooks.com.tw/

中國大陸發行・零售：心一堂書店

深圳地址：中國深圳羅湖立新路六號東門博雅負一層零零八號

電話號碼：+86-755-8222-4934

北京地址：中國北京東城區雍和宮大街四十號

心一店淘寶網：http://sunyatacc.taobao.com

地理辨正再辨直解合編

都天寶照經　唐楊益筠松著

桐鄉姚銘三　再註　無心道人增補　亙解

雲間蔣平階太鴻補傳　門人　曾稽姜　查參定

上篇

楊公妙訣不多言實實作家傳人生禍福由天定賢達

能安命貧賤安墳富貴與全憑龍穴真龍在山中不出

山掛在大山間若是沙曲星辰正玆得陽神定斷然一

葬便興隆父發子傳榮

蔣氏曰此一節專論深山出脈老龍幹氣生出嫩子
之穴。

[直解]此節論深山老龍幹氣專取嫩枝之法謂既

得嫩枝再求真穴情形再看主山端正峰巒秀美

神氣充足砂水朝歸再兼用法處處得宜自有一

葬便與之應龍在山中不出山掛在大山間者此

言老幹抽出嫩枝之情狀也。

好龍脫劫出平洋百十里來長離祖離宗星辰出此是

真龍骨前途節節出兒孫文武脈中分直見大溪方住

于諸山皆不走個個回頭向穴前城郭要周完水口亂

石堆水中此地出豪雄若得遠來龍脫刧發福無休歇

穴見陽神三摺朝此地出官僚不問三男并五子富貴

房房起津湖溪澗同此看衣祿榮華斷大水大河齊到

處千里來龍住水口羅星鎖住門似大將屯軍落頭定

有一星形非火土即金正脈落平三五里見水方能止

二水相交不用砂只要石如麻更看破石高山鎖密密

來包裹此是軍州大地形細說與君聽

蔣氏曰此一節專言大幹傳變行龍盡結之穴謂之

脫卸龍又名出洋龍雖云城郭耍用完總之城郭都

在龍身上見不必于穴上見葢龍到脫卸出洋雖衆

山擁衞而行前數節羣支翼張羽儀簇簇至于幾經

脫卸之后近身數節將結穴時龍之踪跡愈變而龍

之機勢愈疾些非左右二砂所能幾及往往龍只單

行譬之大將匹馬單刀所向無前一時偏禆小校都

追從不及所以有不用砂之說也。高山不甚重水獨

此等龍穴以水爲證者何與山剛水柔水隨山之行

以爲行山不隨水之止以爲止而云直見大溪方往

者。非謂山脈遇水而止也。正因山脈行時水不得不
與之俱行。則山脈息時水不得不與之俱息。故幹龍
大盡之地自然兩水交環有似乎千里來龍遇水而
止也。既云不用砂而又云密密包裹者何也。夫結穴
之處雖不取必于兩砂齊抱要之真龍憩息之際定
不孤行外纏夾輔隱隱相從水口星辰有時出現大
爲硤石小爲羅星近在數里遠之二三十里皆不可
拘前所謂砂指本身龍虎而言後所謂鎖指外護捍
門而言也。只要石如麻則不止謂水口而已。正言林

身結穴之地蓋幹龍剝換數十節其渡水崩洪窵

過硤不止一處若非石骨龍行何以見眞龍結體今

人平地墩阜慎認來龍指爲大地正坐此弊也凡去

山數里卽有高阜或由人工或出天造旣無眞脈相

連又不見石骨稜起總不謂之龍穴所以落平之龍

乃爲眞穴山龍五星皆結穴其云落頭一星獨取火

重起星辰必要石如麻也有石脈乃爲眞龍有石穴

上金者大約近祖支龍蜿蜒而下都結水木出洋幹

結踢躍而起都作火土金雖不可盡拘而大體有如

是者前章一葬便興父發子榮是言山中支結龍穩

而局窄往往易發此窄言發福無休歇五子房房起

是言出洋大盡龍老而局寬往往遲發而久長意在

言表也

姜氏曰前章言山谷初落之穴此言出洋盡結之穴

山龍之法雖不盡于此而大略已備于此矣

姚氏曰銘昌地理蒙先大父彩章公遺有看山龍之

書先伯父庭聞公珍藏付之敬謹參詳歷覆名墓相

符今証此節略言梗概雖然山龍實形實用穴向一

定而易於水龍不明妙理亦是無從捉摸總作門外

漢耳其看山之法首追起脈以分榦枝何以知脈之

起必有天弧天角之照照有正側之分始明其屬何

氣則辨結有據而脈起之初非火即金以由金剛火

烈風不能撓水不能漂其勢如火之燄或若雲與浪

湧發足似飛猶萬馬之奔騰像驚蛇之亂擺諸山擁

簇羣峯翼翼衛竟有不可止之狀故曰脫刧而觀出帳

裒層蟬翼鮫鬢皆屬內帳之別稱龍之尊貴全在帳

之層數多寡而定出帳初次傳變爲祖其二爲宗其

三為之儲命。星體之辨言命可知。此下起峯則為龍

樓寶殿。或分枝闢派枝有枝結之法。龍側龍脊亦結

必度其情未可安阡其龍之行猛而且疾一有降勢。高

則崩洪渡水無水之處必然跌斷斷之里數不定其

要惟識斷起之訣多斷後復起。而有周正高

峻之峯名曰間星不其高大者為之間氣有此龍必

囘頭或轉折而行。若龍行如衛不作間星間氣而論。

必待間星或間氣現之龍轉其身為之金牛犬轉車。

又名翻轉身脈得曳動乃由龍力之大轉身之後起

峯爲之父母父母之後其勢已鬆龍行至此剝換幾

經脫卸再再其有起伏之狀一得蜂腰鶴膝因有蜂

腰之束始有鶴膝之放而生峯過狹狹有長短整齊

照之非言諸星全照得其一二之詭狹內亦能結地

上石之分如有天罡孤曜掃蕩純水燥火金土日月

無照不結另起星辰前往其有蜿蜒頓跌之形愈多

愈美必詳起落頭星峯而此去不達突但凡此等出

洋大畫之龍在山在麓而結地者少落平者多其去

里數不定落平後則隱其形所認無非馬蹄蛛絲螺

蚌之跡兩水環繞甫結須見有據如情未止雖有水
界亦屬非是而結有正側轉迴順逆不等其有微吐
顯吐微吞顯吞而分四季之結且有陰落脈陽落脈
之辨來龍脈大何有多少奇結甚至案山俱無另有
取法所以專重龍真穴的不在案之美惡而外砂亦
有齊抱並有一順一逆一有一無一明一暗兩砂齊
逆以由五星之性不同至貴在於穴中不重於外象
也此等幹龍石穴者多太極暈者少穴中枕棺龍口
龍虎之石缺一非穴今人但見四面是石即為穴補

此乃爲之石坑猶同石上栽物耳要而言之其重貼
體星跡欲識結之與穴惟詳星辰之傳或水木傳金
日月傳土金傳孤曜純水傳掃蕩燥火傳土金水傳
木蕩金傳金於中傳變不一須明弧角祖宗儲命父
母之貝底方知子孫形跡始悉石色窩形飽之辨
別而追龍認結全在跡之與情不在形之於象捉脈
必在雜鳴識踵須詳龍欵脈大結與何能顯出窩鉗
乳突之狀不得其中妙理斷不能得其真者也且羅
星亦有分辨或金石渾土上石相兼有無尤辦或挺

立。正斜倒側。有腳無腳。在水在岸離地理數遠近不
等。至於城郭而有內護外護並旗鼓各物。是否後龍
自帶或由他龍另成城關之內外必有應星其有內
外之分俗師不知而作羅星看之此乃明地之大小。
發之遠近技結亦大同小異惟穴法不同官曜鬼曜
之分地大鬼結非一然天罡孤曜掃蕩燥火貫頂出
脈形殊陋惡豈知妙在其內。大地每出於此故有上
山蛇下山蛇之名況地之無煞則無其權其謂留煞
作証而用法有殊其雖然言其略約盡是山龍妙訣

人能悟之。雖未登堂入室。可入其門。勝看他書於百
部矣。蔣公聊表大勢於是代爲續之而山龍言易因
俗師胡論外象筅其所實外象何曾知之抑且來去
尚在未曉一味言形說象分文辨武盲猜瞎廢妄談
高低衰旺而已。至如結地穴法竟在麥中之未醒也。
故看山龍必須生得一雙好腿耳

〔笛解上節言老龍幹結此節言出洋盡結大凡龍
氣落平穿江渡河脫御淨盡再起星峰者謂之脫
卸又另出祥氣勢踴躍千變無窮難於言狀只可

辨正合編　卷首門

言其大概情形耳

天下軍州總住穴何曾撐著後頭龍只向水神朝處取

莫說後無主立穴動靜中間求須看龍到頭

蔣氏曰此節以下皆發明平洋龍格與山龍無涉矣

楊公唐末人唐之言軍州猶今之言郡縣也蓋以軍

州為證見城邑鄉村人家墓宅凡落平洋並不論後

龍來脈但取水神朝繞便為眞龍憩息之鄉夫地靜

物也水動物也水之所止即是地脈所鍾一動一靜

之間陰陽交媾雌雄牝牡化育萬物之源所謂立竅

相通郎州家玄關一竅也。此便是龍之到頭。非舍陰

陽交會之所。而別尋龍之到頭也。識得此竅。則郊平

洋眞龍訣法。而楊公寶照之秘旨盡矣。有曰訣。看龍到頭，

姚氏曰。平壤之貴貴莫過於後空。乃由水神朝繞。故

空其後。而得動之配靜。以合眞陰眞陽之交媾冲和

之正。山斯相貫此黔脂膏爲之天地精華爲之陰陽

妙液爲之源頭。牝辰爲之巳身託命衆則勢八方之

精氣取于流萬派之血脈雌雄合化以是生生不巳

其龍到頭者爲平洋之眞訣於戲靑囊三卷八卦五

行玄空大卦。盡於後空之妙矣

〔直解〕動靜二字其說有三一山形水勢有陰陽動

靜之分一千支卦位有陰陽動靜之分一天主動

地主靜天地有陰陽動靜之分地主靜卽其至動

之中亦有四時往來陰陽動靜之分天主動卽其至動

地主靜天地有陰陽動靜之分地主靜卽其至靜

至靜之中亦有起伏止行陰陽動靜之分天以靜

而生地以動而成曉得至動之中有靜至靜之中

有動看龍到頭之法過半矣立穴之法亦過半矣

所云到頭者非山之到頭又非水之到頭正謂玄

空生旺到水謂之到頭也此到頭二字乃空龍之

妙訣當黙黙識之○隨時變易顛倒無定著謂之

動止蓄團聚干支純粹謂之靜靜者安定于下動

者流行于上觀其靜與動氣與質相配相得之處

便是到頭訣大畧如是

註云另有曰

楊公妙訣無多說因見黃公心性拙全憑掌上起星辰

類聚裝成爲妙訣大山喚作破軍星五星所聚脈難分

但看出身一路脈到頭要分水土金叉從分水脈脊處

便把羅經照出路節節同行過峽眞前去必定有好處

子字出脈子字尋莫教差錯丑與壬若是陽差與陰錯

勸君不必費心尋

蔣氏曰自此章以下皆楊公平洋秘訣字字血脈而

又字字隱謎非真得口口相傳天機鈐訣者未許執

語言文句方寸羅經而妄談二十四山八卦九星之

理也苟得口傳心受則雖愚夫穉子可悟楊公心訣

不得口傳心受縱智過千夫讀破萬卷何能道隻字

聊此書乃楊公當日裝成掌訣傳與黃居士妙應者

大山與作破軍星言水法漁散迷茫之處五星混雜

出脈未見分明概名之曰破軍而不入龍格只取龍
神一路出身之脈其脈又分水土金三星合貪巨武
為吉而餘星皆所不取此三星者乃形局之星非卦
爻方位之貪巨武也學者切莫誤認自分水脈奢以
下乃屬方位理氣矣故云便把羅經照出路虫蓋看
得水神龍脈既合三吉星格其地似可取裁乃將指
南辨其方位以定卦之合不合也合卦則用之不合
卦仍未可用也節節同行卦無偏雜乃許其為逶脈
峽真而知前去定有好穴不然則行龍先見駁雜到

頭何處剪裁子字以下。乃直指看龍訣法而舉坎卦

一卦為例。若出卦是了字須行龍只在于子字一宮之

內乃為卦氣清純如偏于左而癸與丑雜是了癸一。

卦而丑字又犯一卦也如偏于右而壬與亥雜是壬。

子一卦而亥字又犯一卦也此為卦中之陽差陰錯。

非全美之龍故云不必費心尋也。

姚氏曰水路交馳五星渙雜其以破軍名之惟取出

身之脈必分水土金者其重在於形局木火諸星為

形之所忌翁公故云餘皆不取貪巨武三吉天元歌

所謂五曜只求金水土若應三垣并列宿五星論定

穴應裁是言此意星格既合可用則辨其方位卦理

脈之偏正若能節節清純而無駁雜其局已成設有

偏之左右玄空大卦惟恐出宮幕講日局法如差錯

兒孫立見窮縱然免強裁取終非全吉之地不若捨

此而另求其曰不必費心尋也

〔直解〕永法渙散之處五星混雜卦爻錯亂最難分

辨以燮貼身小水引動龍砷有干流萬派都歸此

小水之情狀者即是一路出身脈也此水之星體

情形方位干支曲直動靜。須辨合與不合。星體合

吉則用之。不合則不必用之。所謂子字出脈子字

尋。總言看龍之法。理氣之要。稍有不合卽是陰差

陽錯之龍矣。

子癸午丁天元宮卯乙酉辛一路同。若有山水一同到。

牛穴乾坤艮巽宮取得輔星成五吉。山中有此是眞龍。

蔣氏曰此承上節羅經照過峽。詳言方位理氣卽天

玉玄空大卦之作用也。其法分子午卯酉爲天元宮。

寅申巳亥爲人元宮。辰戌丑未爲地元宮。隱然大元

之妙理引而不發欲使學者得訣方悟其敢妄洩天

秘犯造物之忌哉此取四仲之支爲天元宮者非此

四支皆屬天元亦謂此四支之中有天元者存也而

其本文又不正言子午卯酉乙辛丁癸必錯舉于癸

午丁卯乙酉辛者此其立言之法已備出脈審峽定

卦分星之密旨觀一路同三字同中微異須細辨別

已在言外下文乃全露其機云此八宮同到半穴乾

坤艮巽宮矣一同到非謂此八宮一同到也亦非謂

八宮之山與八宮之水一同到也謂此四支中任舉

一亥與此四干中一干比肩同到即雜乾坤艮巽之
氣矣蓋子午卯酉本是四正之龍而與八支同到即
有一半四隅之龍不可不辨之不清則欲取天元
而非純乎天元矣末二句輔星五吉指天元宮最清
者言蓋天元龍雖包諸卦而九星止有三吉恐曰人
發洩太盡末肖衰微故須兼收輔弼宮龍神合氣入
穴以成五吉然後一元而兼兩元龍力悠遠不替矣
故目之曰真龍極其贊美之辭也此節言山者皆指
水蓋平洋以水為山水中即有山矣輔星即是九星

中左輔右弼蓋有二例。一則九宮卦例。以一白配貪

狼二黑配巨門三碧配祿存四綠配文曲五黃配廉

貞六白配武曲七赤配破軍八白配左輔九紫配右

弼此天玉經玄空大卦之定理也一則八宮卦例將

輔弼二星并一宮分配八卦製爲掌訣二十四山係

於納甲之下互起貪狼爲立向消水之用陽宅天醫

福德亦同此訣竊以之彰往察來皆無明驗蓋即天

玉所辨二十四山起八宮唐一行所造後人指爲滅

蠻經者也二説眞僞判然不可惝認五吉卽三吉蓋

形局九星以水土金三星為貪巨武三吉而輔弼為

入穴敗氣之用方位九星亦有三吉雖以貪狼統龍

而每宮自有三吉不專取巨武此節天元宮兼輔為

五吉中有隱語非筆墨所敢盡既云五吉則分輔弼

作兩星以配九宮其非八宮之訣明矣若在人地兩

元別有兼法矣諸下文此節以下所舉干支卦位俱

帶隱謎若從實推詳不啻說夢非楊公言外之真旨

矣

姚氏曰謂子午卯酉四支內有天元之妙存焉並言

子癸午丁卯乙酉辛非錯舉干支以有可同之意下
接同到半穴由於山水干支巳犯蔣公之注不云八
干八支惟曰四下四支隱有可犯而不可犯之道乃
四正之卦雜於乾坤艮巽之龍欲取天元龍巳經不得
清純一元不清三元隨之皆亂其天元龍能於包含
諸卦豈有反欲兼之始成五吉凶形局與方位合皆
三吉以包諸卦兼輔弼二星配貪巨武三吉遊破祿
廉文四凶全收五吉曾序內得三失五盡為偏天元
歌中云不是八神齊到穴間此之謂也且天元龍旺

易於發洩發之太過。而恐未眉之衰以兼輔弼入穴

一元可得兩元龍力甫能先榮後凋古聖賢之妙訣。

授與高人為濟世之慈航稍一指撥延及葬家幾代

之盛非如今人某方挑一池名曰何星某位開一缺

為之何水東挖西掘強牽支離如此作為言配尚可

搪塞然亦毫無補益金口訣云元辰若斷橋外氣總

無力豈非掩耳盜鈴乎而言兼者其有自然之勢故

曰兼也

〔直解〕註云輔星天元宮之最清者其言微乎妙乎。

使人不易測識耳楊公又云山中有此是眞龍明

明指我在水中又不在天元之水中正在天元最

親最近之水中然取于六八者非也所云一同到

者一宮之水同到也細玩其子癸午丁夘乙酉辛

輔弼已在言外矣同到卽巳丙亥壬申庚寅甲丁

未癸丑乙辰辛戌之同到一同到則卦爻雜亂陰

陽差錯吉中有凶不成美器矣差錯之所雜亂之

方須鈇輔星以補之是輔星雖非當令之星亦能

先時補救化凶而爲吉者也所云取得輔星卽此

之訓歟

辰戌丑未地元龍。乾坤艮巽夫婦宗甲庚壬丙為正向

脈取貪狼護正龍

蔣氏曰此玻四季之支為地元龍者亦謂此四支中

有地元龍者在地此四支原在乾坤艮巽卦內故曰

夫婦宗此元氣局逼隘不能兼他元為五吉止取貪

狼一星眞脈入穴護衞正龍根本則卦氣未值其根

不搖卦氣已過源長流遠斯為作家妙用貪狼卽在

甲庚壬丙之中故但於此取正向乘正脈與天人兩

元廣收五吉者有殊不言輔星輔弼巳在其中改也

楊公著書泛論錯舉之中其金針玉線一絲不漏盖

如此

姚氏曰四季之支非蕘地元龍地此元之局最窄不

能他兼專取貪狼入穴而不言及輔弼貪狼爲九星

之統領正龍有一星之衛雖不得兼及他元如五吉

之在其中其因貪狼之在甲庚壬丙之內取之乘脈

正向以能久遠不替云夫婦宗者位在四維之故此

元龍格圇與天人兩元不同然不同之間又似乎相

同。同中不符。小異。用決稍有更易。而理則貫之於一。猶

蔓桂性味各別。熱邪同之。其能連而巧行也

疍解 地元者下元也。逼臨者非形局之逼臨氣運

之逼臨也。故不曰五吉。而曰護正龍。則八九一之

謂也。然在此時。不曰五吉者何也。謂下元未盡令

星弗得弗用。上元將交。貪又弗得弗用。若兼巨武

而為五吉。則吉凶參半。非但不能為福。適足致禍

所謂凶多者。凶勝吉也。豈非與天人兩元。取五吉

者有殊作家不可不辨。

辨正□□□□各都天寶照經 三

寅申巳亥人元來乙辛丁癸水來催更取貪狼成五吉。

寅坤申艮御門開巳丙宜向天門上亥壬向得巽風吹。

蔣氏曰此四孟之亥亦屬四隅卦此四卦中有人元

龍者存也天元之後卽應接人元楊公因三才三正

之字顯倒錯列亦隱秘其天機使人不易測識耳此

元龍格亦必兼貪狼而後先榮後凋若不兼貪狼慮

其發遲而驟歇次用乙辛丁癸水催之者謂此四水

中有貪狼也此宮廣大兼容故旁及坤艮亦所不礙

故曰御門開者是巳丙壬亥相兼則犯陰陽差錯之

龍矢法宜去丙就巳去壬就亥以清乾巽之氣此則
專為人元辨卦而言處處欲要歸一路蓋二路者當
時直達之機兼取者先時補救之道不直達則取勝
無先鋒不補救則善後無良策二者不可偏廢也總
觀三節文義子午卯酉配乙辛丁癸辰戌丑未配乾
坤艮巽為夫婦同宗而寅申巳亥獨不配甲庚壬丙
為夫婦則其本意不以甲庚壬丙屬寅申巳亥可知
矣此正合天玉大五行作用而非十二支配十二十
為一路之俗說也故不曰寅申坤艮而曰寅坤申艮

新□會解□卷六四

非以寅為坤以申為艮也巳屬巽而反曰天門亥屬
乾而反曰巽風顛倒裝成其託意微而且幻類如此
至其立言本旨不過隱然說出陰陽交互之象然篇
中皆錯舉名曰不肯分明至後節主客東西方露出
端倪而終不顯言先賢之慈慎如此使我有泄泄天
機之懼矣
姚氏曰夫人兩元應得相接中以地元間之方曰人
元隱有奧義且因四孟之支均在四隅封內藉此遞
下言之故錯列三才正之序此四孟支存有人元

之龍其乙辛丁癸以貪狼在於此中故用四水催之

必得兼取而護亚龍根本卦氣之過與未可救始終

之盛以龍有三元之分兼取亦別天元之兼輔弼地

元專取貪狼人元惟兼一星蔣公所謂直達補救之

道誠哉斯語可見作家之妙用處處不一究之所寶

毫無絲纊之漏而兼與專各異所謂人情物理講惝

則無底止故彼此從權竟有此可兼彼彼不可兼此

甚至彼能去此此不能去彼蓋論理則一也而言寶

對坤而甲對艮於中機深義幻已曰天門亥曰娛妞

都天寶照經

由人元宮廣大離犯壬亥巳丙清其兩宮之氣倘可

就亥依巳仍不礙其吉也

圓解人元自有人元合運之山水自有人元合運

之星辰體用俱合人元僅有三吉四吉此云五吉

者何也謂當時直達之星辰巳得再取貪狼一星

合成五吉以補悠遠川法之至要者也乙辛丁癸

水來催者非謂此四水盡屬人元又非謂有此四

水卽是貪狼正謂在是元用是山收是水或丁或

乙或發或卒有得貪狼者在□鄉卽兼通出

卦之意益申與庚巳與丙亥與壬俱屬貼鄰易犯

差錯之宮或巳出於丙告我向之以天門亥或雜

千壬又令吹之以巽風楊公教人補救直達深切

著明至矣盡矣。輔亦可兼彌亦可兼諸星亦可

兼貴在各乘其時耳先將當元之令星用得安安

再將先時補救之策或兼貪或兼輔多兼則元運

不一吉凶參半註云欲取天元而非純乎天元欲

取地元又非純乎地元蓋謂此也總觀三節之文義

兼法俱要隨時酌量宜兼貪則兼貪宜兼輔則兼

輔全在作者隨時兼取隨地變通耳

貪狼原是發來遲坐向穴中人未知立宅安墳過兩紀

方生貴子好男兒

蔣氏曰貪狼諸卦之統領得氣先而施力遠何云發
遲此言人地兩元兼收之脈不當正卦傍他涵蓄故
力不專是以遲也兩紀約略之辭生貴子正見誕育
賢才以昌世業隱含悠久之義非若他宮一卦乘時
催官暫發之比若夫應之遲速是不一端烏可執此

為典要也

辛亥合篇　　尖之倜都天寶照經卷

姚氏曰遲發之言由在兼取起見義雖如此未可拘
執貪狼九星之首氣施惟先能取合之欠內已成隹
壞豈有延之兩紀始生貴子若他宮一卦乘時又作
如何論法坤乃聊引作輸以隱衍蓄兼收而力不專
之意耳

〔直解〕上數節言人地兼貪最易發福此云發遲者
何也謂貪狼雖非人地兩元主運之星御能神倫
救弊先榮後凋故曰遲也坐向言坐山向首之排
龍也坐山向首之排龍或排貪狼到山或排到向

首或挨到水口三义。帝峰貴砂定主產賢才昌世

業發福無休無歇也。

立宅安墳發合龍不須擬對好帝峰主人有禮客尊重。

客在西分主在東。

蔣氏曰山龍眞結必對尊星而後出脈或回龍顧祖。

或枝幹相朝先有主峰乃始結穴故必以朝山為重。

非重朝山正重本身出脈眞僞也平洋旣無來落但

以水城論結穴水自水山自山雖有帝峰故非一家

骨肉向之無益故只從立穴處消詳堂局收五吉之

氣謂之合龍而不以朝山爲正案也末二句乃一篇
之大旨精微立渺之譚所謂主客又不止於論向而
指龍爲主人向爲賓客也主客猶云夫婦實指陰陽
之對待山水之交媾一剛一柔一牝一牡立筮相通
皆在如此言有此主便有此客有此客便有此主亦
之理云二物實一氣連貫如影隨形如谷答響交結
根原一息不離非胡既有此主乃更求賢賓以對之
也東西蓋舉一方而言亦可云主在西分客在東亦
可云主在北分客在南主在南分客在北八卦四隅

無不皆然。所謂陰陽顛倒顛也。自天下軍州至此統

論平洋龍法。其中卦位干支秘訣。總不出此二語。故

子結尾發之以包舉通篇之義。學者所當潛思而曲

體之者也

姜氏曰。寶照發明平洋龍格。開章直喝天下軍州總

坐空。何須撐著後頭龍。大聲疾呼。劈頭吟高唱。此為楊

公撰著此書遠篇眼目。振剛挈領之處。不可淺淺泛讀

過。蓋平洋龍格眾世所以茫然者。只因俗師龍書將

山龍澗大。無從剖辨。觸處成迷也。平洋之作法。既迷

并山龍之眞格亦謬失其一并害其二矣楊公苦心
喝此二語醒人千古大夢使知平洋二宅不論坐後
來脈凡坐空之處反有眞龍坐實之處反無眞龍與
山龍之胎息孕育截然相反欲學者從此一關打得
透徹更不將剝換過峽高低起伏馬跡蛛絲草蛇灰
線等字纒擾胸中只在陰陽大交會處悟出眞機而
后八卦九星干支方位以次而陳絲絲入扣平龍消
息始無望漏之虞平龍既無望漏而山龍亦更無望
漏矣倘不明此義只將後龍來脈膠葛糾纒則造化

真精何從窺見雖授之以八卦九星之奧亦無所施
也窮年皓首空自芒芒高山平洋總歸魔境我於是
蓋嘆楊公渡人心切也後篇所以覆槃二語重言以
申明之意深切矣

此篇前十二句爲一章言深山支龍之穴中三十四
句爲一章言幹龍脫殺出洋之穴此二章皆屬山龍
後四十六句分七節爲一章言平洋水龍之穴

姚氏曰平洋不可取山篇中屢見非後人之不從由

先賢章句玄機深奧難人精微之境以致驪黃不分。

亥象莫辨因此約略了事然而陰陽之理無非八方
之山八方之水取其一方之山配其一方之水所謂
天地陰陽夫婦雌雄牝牡剛柔動靜資質東西南北
主客賓主屑屑分流實則名異情同以有主客之分
始得陰陽之合三卦父母子息皆在其中而定矣于
平壤朝山之無益者緣非一家之骨肉以質性之不
同途耳情意不投奚能變成莫逆於是惟取水城後

空論結為之合龍也

〔直解〕山龍看主山朝案以辨龍體之真偽平洋對

教□合纂□卷六四

三义察血脈以認來龍之得失山洋一定不易之
法也要合龍者觀九曜之合不合也奇峰者尖秀
挺拔之峰也合元微則對之不合則不必對之所
云主東咨西郎陽水陰山顛倒顛之義主人有祀
者龍真氣旺也龍杲真氣果旺前後左右輔從則
加之美名如龍微氣衰雖有奇峰貴砂卽攺為惡
曜所以本主與降殺曜變為文曜龍身微賎才刀
化作屠刀卽此之謂也○以上數節都屬半含牛
吐但吞旺之間有深意存焉讀者當細心參考用

有所得也。

中篇

天下軍州總任空。何須撐著後來龍時人不識立機訣。

只道後頭少撐龍大凡軍州住空龍便與平洋墓宅同。

州縣人家住笠龍千軍萬馬悉能容分明見者猶疑慮。

龍不空時非活龍教君看取州縣場盡是空龍撥擺蹤。

莫嫌遠來無後龍龍若空時氣不空兩水界龍連生窟。

穴得水分何畏風但看古來卿相地平洋一穴勝千峰。

蔣氏曰天下軍州二語前篇已經與醒楊公之意猶

恐後人見不眞信不篤故反覆咏嘆層層洗發窮追
一到底罄其所以然之故又恐慨說軍州大勢倘疑人
家墓宅或有不然故指實而言軍州如是墓宅亦無
不如是只勸世人揀擇坌龍切勿取實龍作撐也所
以然者何也山龍只論脈來平洋只論氣結空則水
活而氣來融結實則障蔽而生氣阻塞肉眼但見溓
溓平田毫無遮掩疑爲坐下風吹散氣之地不知水
神界抱陽氣冲和平洋之穴無水則四面皆風有水
則八風頓息所謂氣乘風則散界水則止古人之言

正爲平洋而發也。

姚氏曰此節別無他義專言後空之妙前舉天下軍
州大勢擬比惑人不醒又以州縣牟塋驗之詳明理
之則一楊公可爲心盡意竭矣。非舉其後奚能取合
內氣其曰立竅立關立機立妙玄空大卦立者虛空
也

[直解]楊公恐人不信空龍之謬特引州縣城池爲
証然州縣城池未必盡屬後空人家墓宅亦非以
坐空爲是坐實爲非只要坐空得坐空之五行坐

得也

實得坐實之五行方合龍空氣不空龍實氣不空
之妙用中言得水承上文龍空氣不空龍實氣不
實而申言之也所謂得水非以左右有水謂得亦
非以前後有水謂得以所有之水得挨星生旺謂
得也

子午夘酉四山龍坐向乾坤艮巽窩莫依八卦陰陽取
陰陽差錯敗無窮百二十家渺無訣此訣立機大祖宗
來龍須要望龍穴後若空時必有功帝座帝車竝帝位
帝宮帝殿後當空萬代侯王皆禁斷予今隱出在江東

陰陽若能得遇此蚯蚓逢之便化龍。

蔣氏曰此明八卦之理即前子午卯酉屬坎離震兌

四卦乾坤艮巽又四卦之義也所謂坐對非指山向

者指八卦五行以乾卦領震坎艮三男而屬陽坤卦

領巽離兌三女而屬陰此先天之體非後天之用以

之論陰陽則差錯而敗不勝言矣譚陰陽者百二十

家皆此是彼非泌無眞訣惟有立空大卦乃陰陽五

行大祖宗聖聖相傳非人勿示也識得此訣雖帝王

蓋四正卦與四隅卦兩相對故云然也八卦陰陽

大地瞭若指掌特禁秘而不敢言耳楊公自言旣得

至道不敢炫燿於世故披褐懷玉抱道無言然天寶

雖秘惜而救世之心未嘗少懈曾于天玉經江東一

卦諸篇隱出其旨世之好陰陽者有緣會遇信而行

之頃刻有魚龍變化之徵也或云楊公得道之後範

光晦跡背其鄉井隱於江東俟考

姚氏曰其卦惟入而有先天後天坐對指後天卦先

天之體誤取作用則陰差陽錯勿謂是卦皆可取用

猶山龍之不淵平洋於中截然相背耳雖知體用尤

重後空之要始能有功。不獨軍州。州縣。如此。帝王寶

殿莫不皆然。若能依訣而扦其有與騰變化之妙也。

蔣公註曰。有緣會過信而行之。斯語殊深鄭重緣者。

因也。所謂前世今世後世。而有三世因果之報前世

之因。其言祖父。今世之因。其言本身後世之因。其言

子孫。人之忠正聰慧奸邪愚蒙。前世祖父之德惡因

由已知。自再繼而為之。則後世子孫之因。預先可以

知之矣。以此叮嚀學者。悟得妙理。愼擇人之德惡。自

能深信。然後方可行之。若妄泄天寶。必干造物之怒。

辨正再辨直解合編　卷之四　都天寶照經　三六

而自取禍咎者也

宜解子午卯酉指地之四正而言。乾坤艮巽指空
之四維而言。非必拘定要坐對乾坤之位只要立
空坐對二四六八便是陰陽二宅若能合此立機。
自有魚龍之變化下文辰戌丑未甲庚壬丙卽此
意也。○地氣南北不同山洋迥異卽性之剛柔氣
之老嫩亦隨處而各別者也切不可拘泥有誤天
地生成之妙用也地有相去數郡高卑無二者亦
有相去數里厚薄迥異者亦有相去數步而老嫩

懸絶者總要隨地取裁不可執一即坐水向水後

空後實亦要各得其宜爲妥切不可拘泥後空爲

是後實爲非亦不可拘後高爲是後空爲非總

要隨地適宜高低各得爲是所謂泥於古者必不

能愈今疾拘於方者決不能治遠人即此之謂歟

蔣氏曰此皆楊公隱謎舉四正爲例若行龍在子午

子午卯酉四山龍支兼干出最豪雄乙辛丁癸單行脈

半吉之時又半凶坐向乾坤艮巽位兼輔而成五吉龍

卯酉四支長流不雜雖兼帶干位總不出本卦之丙

其脈清純故云最豪雄也若乙辛丁癸雖屬單行未

免少偏卽犯他卦所以吉凶參半也言子午卯酉而

乾坤艮巽不外是矣言乙辛丁癸而甲庚壬丙不外

是矣辨龍旣淸乃於諸卦位中隨便立向則又以方

圓為規矩而未嘗執一者也

姚氏曰支兼於干不淸純不雜得地之能如此以詫誕

靑豪雄而乙辛丁癸脈不徧之出卦格局亦為全吉

雖然支干相兼兼及干云四正陰

四干則四維以同甲庚壬丙已在言表矣

直解此四卦重支之卦支兼于出卽子癸午丁卯
乙酉辛若乙辛丁癸而無子午卯酉兼出者卽謂
之單行脈也單行之脈稍有一偏卽出他卦行龍
出卦恐生旺不一吉凶無定所云坐向乾坤者非
必拘定坐向乾坤之位只要天元取輔人地兼貪
至收五吉之氣也單行之脈雖易出卦有心者倘
遇此種來龍來脈龍穴眞的者切莫棄而不取也
只要用得五吉合得三星其吉更勝于一卦淸純
者矣

辰戌丑未四山坡甲庚壬丙葬墳、多若依此理無差謬。

清貴聲名天下無為官自有起身路見孫白屋出登科。

八卦不是真妙訣時師休把口中歌敗絶只因用卦差。

何見依卦出高官陰山陽水皆真吉下後見孫禍百端。

水若朝來須得水莫貪遠秀好峰巒審龍若依圖訣葬。

官職榮華立可觀

蔣氏曰此指四隅龍脈而言而舉辰戌丑未為隱謎

也謂此等行龍而取甲庚壬丙向者甚眾必須龍法

全吉毫無差謬而後清貴之名壇于天下

也起身路正指來龍之路八卦本是真訣而誤用則
禍福顛倒故云非妙訣後章八卦只有二卦通乃始
微露消息矣收水之法向云陽用陰朝陰用陽應乃
卦理至當不易之言而竟有陰山陽水陽山陰水反
見災禍者則辨之不真陽非陰非陰也得水二
宇世人開口混說然非果識天機秘旨收人立鼓之
中離三陽六建齊會明堂虎抱龍迴涓滴不漏總未
可謂之得若知得水真訣郎陰陽八卦之理是諸斯
乎莫貪遠秀好峰郎上篇已發之義致其可嗳之意

云爾

姚氏曰上文巳詳四正此節以明四隅行龍在辰戌

丑未向取甲庚壬丙者甚多裁之合吉富貴可期誤

則禍未一見其禍接踵而至由於收水之故可見

看地何易立穴殊難全副精神此在消詳堂局之間

禍福定於呼吸思之可畏然不知妙理竟敢妄執指

南其無人心耳

【圖解】庚壬丙是隨時變易之甲庚壬丙非四維

八千不易之甲庚壬丙也讀者切莫以惑此理云

者是山上水裏陰陽相配之理也山上水裏果能

交之以陽配之以陰清貴聲名自然流傳天下八

卦九星本是眞訣而此獨非者何也申言板格之

非也在地爲八卦九宮在天卽是北斗九星隨氣

流行隨時變易往來無定者也拘拘於呆法變易

者反以爲不易無定者執以爲有定所謂陽者非

陽陰者非陰故謂之不眞所謂得水者非三合五

行之所謂得又非上元必須離水下元必須坎水

之所謂得也此所謂得者是立空之得謂得也大

辰戌丑未是四維八干不易之定位甲庚壬丙是

周流六虛隨時而在之甲庚壬丙一空一實必須

揣摩而得有形之質靜而不移無形之氣動而不

息。一動一靜一陰一陽相爲表裏一往一來一山

一水兩相配合自能立見榮華矣。

立機妙訣有因出向指山峰細細求起造安墳依此訣。

能令發福出公侯真向支山尋祖脈干神下穴永無憂。

寅申巳亥騎龍走乙辛丁癸水交流若有此山并此水，

目屋科名發不休昔日孫鍾阡此穴從此聲名表萬秋。

蔣氏曰通篇皆言平洋此章乃揷入山峰者何也盖

八卦九星乃陰陽之大總持故凡有山之水可以不

論山而有水之山不能不論水若遇山水相兼之地

未可但從山龍而論還須細細尋求亦必合此玄空

大卦之訣而后墓宅產公侯也祖脈必要支山盖從

四正而論下穴立向則不拘干支矣此祖脈乃立空

之祖脈非山龍之來脈也讀者切勿錯認寅申巳亥

乙辛丁癸俱屬易犯差錯之龍故曰騎龍走水交流

交有殊義無別此山此水而科名不歇者不犯差錯

故也。孫鍾墓在富陽天子岡本山龍而收富春江長
流之水故引為證。

姚氏曰山水相兼之地。惟平洋不可牽入於山山之
取用於水者中有別義再何有山龍落平里數遠近
不等出曰水為證。不得不論水莫謂山龍必待水界。
而後可止結法不一。貴在度情通變其支山祖脈乃
於四正而論非山之來脈自云玄空之祖脈所以定
向消納干支不拘矣。其孟支陰干少偏則易出卦如
能不雜地氣局成必吉引孫鍾之墓山龍兼收江水

以証用事之妙也

直解上四句言體用兼倒之妙中三句承上文而
言祖脈此祖脈非太祖少祖山龍之來脈又非干
支公孫子母之祖脈此祖脈乃立空之祖脈所謂
天心是也數語當細細察之如乙辛丁癸寅申已
亥卽上文所謂甲庚壬丙辰戌丑未之意時師都
謂此山此水易犯差錯之龍皆棄之不取不知此
山此水亦有發福者特引孫鍾墓爲證經云八方
位位有眞龍爻象干支總一同蓋謂此也

來龍須看坐正穴後若空時必有功州縣官銜爲格局

必然清顯立威雄范蠡蕭何韓信祖乙辛丁癸足財豐

亥壬登龍與祖格已丙旺相一般同寅申巳亥等五吉

乙辛丁癸四位通紫緋盡錦何榮顯三牲五鼎受王封

龍回朝祖立字水科名榜眼及神童後竿巳見前篇訣

穴要窩鉗脈到宮試看州衙及臺閣那個靠著後來龍

砂指水朝爲上格羅城擁儒穴居中依圖取向無差誤

不是王侯郎相公

八類低即發空之旨屢見篇中而此章又反覆不已

蓋後空不但無來脈而已并重坐下有水乃謂之活
龍擺撥而成真空有氣也故首句云坐正穴寶指穴
後有水取為正坐也古賢舊蹟往往如此遍地鉗所
謂杜甫盧仝李白祖此又引范鑫蕭何韓信總合此
格下列諸干支言不論是何卦位只要合得五吉收
歸坐後發福如許爾故下文即接回龍朝祖立字水
分明指出前朝曲水抱向穴後乃回龍顧祖之格也
神童黃甲必可券矣篇中又自言後空之訣已見前
篇然恐人誤認只取坐後無來脈便云有氣不知穴

後必須水抱成窩鉗之形而後謂之到官若但云空

耳非坐水之空空何貴焉砂揖水朝羅城擁衛皆就

水神而論穴正居中指坐穴也此節直說此王侯將

相大地局法非泛論也

姚氏曰此節二十二句著重惟在後空其曰范蠡蕭

何韓信之祖學者奠錯會意非楊公目擊其墓乃擬

比之辭言明妙訣依此行之由斯而發可出人才所

有謀臣將相書錦還食皆因後空不論何卦五吉收

歸坐後合成天地之大變大魯穴坐於空則格局無

差其吉莫不响應以能出人之如此非是但遇有水

坐之卽謂後空於朝前水之曲而得後之空焉砂揖

水朝羅城擁衛不必求取自有天造地設之勢也

直解上節言山龍千神坐實之法此節言平洋五

吉坐空之與一山一水一空一實申言坐空坐實

用法之不同也然後空之說前已詳言此又重言

者何也恐人誤認不察水之澯枝向背也穴後之

水必要枝流拱向得神抱纏有情再坐之以五吉

此卽謂正穴又謂到宮所云已丙亥壬總言不論

新□公鑑□□卷六四

是何卦位是何干支只要合得五吉毫無差謬

童黃甲卿相公侯有得之若操券者矣楊公恐人

不信特引蕭韓祖墓為證坐正穴者即不偏不倚

謂空則法水弗得即謂空如穴後有水而金龍到

不上不下不浮不沉之謂也後空非以穴後有水

頭此謂龍空氣不空所謂脈到宮者即此意也

　天機妙訣本不同八卦只有一卦通乾坤艮巽何位

乙辛丁癸落何宮甲庚壬丙來何地星辰流轉要相逢

莫把天罡稱妙訣錯將八卦作先宗乾坤艮巽出官貴

乙辛丁癸田庄位甲庚壬丙最爲榮下後兒孫出神童

未審何山消此水合得天心造化工

蔣氏曰一部寶照經不下數千言皆半含半吐至此

忽然漏泄蓋陰陽大卦不過八卦之理而篇中乃云

八卦不是眞妙訣者正爲不得眞傳不明用外之法

故也而其所以不明用卦之法者皆因泛言八卦而

不知八卦之中止有一卦可用故也大五行秘訣不

過能用此一卦卽從此一卦流轉九星便知乾坤艮

巽諸卦落在何宮二十四干支落在何宮而或吉或

凶指掌瞭然矣俗師不得此訣妄立五行有從四墓

上起天罡以為放水出煞之用如何合得八卦之理

夫收得山來乃出得煞去不知一卦作用山既無從

收一卦不收諸卦干支又何從流轉九星來純棄駁

而消水出煞乎今人但知二十四山處處可出官貴

處處可旺田庄處處可出神童而不知二十四位水

路交馳果下何卦收何山乃消得此水出得煞去夫

既不能收山出煞則其談八卦論干支皆胡言妄說

而已何以契合天心而造化在于也天心卽天運非

善人合天之家不能遇也大五行所謂一卦即指天

心正運之一卦也。

言楊公雖指出天心一卦之端。而其下卦起星之訣。

究竟未嘗顯言則天機秘密。須待口傳不敢筆之于

書也。

姜氏曰篇中八卦干支縱橫錯舉原非實義細玩此

節何位何宮何地等句卽知經文皆屬活句非死句

也我師于前篇註中切戒學者毋得執定方位意在

此兩凡讀楊公書者當知此意非獨寶照而已天玉

青囊無不皆然。

姚氏曰參徹精蘊之妙始明八卦之理甫逦一卦之

因則天地陰陽九星八卦天心正運五行二十四山

趨吉避凶收山出煞皆可瞭然通之隨所指點無非

造化之機矣其官貴田庄神童盡從此出先賢稍露

端倪欲人之自悟耳

直解 一卦者一元一卦即天心正運之一卦也能

用此一卦則知乾坤艮巽落在何宮二十四干支

躔在何地或陰或陽或順或逆或左或右指掌瞭

然矣不識此卦誤認五行八長生四墓庫左旋右

轉以爲放水出殺之用不亦謬乎知此一卦即知

收得山來出得殺去不知此一卦則談八卦論干

支皆糊言妄語而已豈能契合天心挽回造化哉

五星一訣非眞術城門一訣最爲眞識得五星城門訣

立宅安墳定吉昌堪笑庸愚多慕此妄將卦例定陰陽

不向龍身觀出脈又從砂水斷災祥筠松寶照眞秘訣

父子雖親不肯說若人得遇是前緣天下橫行陸地仙

蔣氏曰前章既言一卦下穴收山出煞之義此章又

直指城門一訣楊公此論眞可謂披肝露膽矣蓋五

星之用其要訣俱在城門識得城門而后五吉有用

十此作二宅無不興隆者矣城門一訣與龍身出脈

正是一家骨肉眞通能識城門乃能觀出脈能

觀出脈便能識城門故笑世人不識此秘而妄談卦

例從沙水上亂說災祥也此以下皆楊公鏤精抉髓

之言得此便是陸地神仙父子不傳夫亦師傳之禁

戒如是豈敢違哉

姚氏曰其有城門山水甫有對待由此以合交媾而

三叉處列陽人所皆見以認來脈內氣之得於合格

局因斯而成俗師不識安在砂水之上言災論福雖

間有識其城門者惜乎不明局中消詳諸法耳

直解五星本是真術楊公恐人專取貪輔巨武爲

五吉不辨性來消長故曰非真術也城門卽水之

交會處關繁禍福之所令星繁要之處須得五吉

三星補救直達斯爲盡善城門得城門之用法再

合兼貪兼輔之妙兩美相合立宅安墳自能吉昌

世人只愛週迴好。不知水亂山顛倒。時師但云講八卦。

卻把陰陽分兩下。陰山只用陽水朝。陰水只用陽山收。

俗夫不識天機妙。自把山龍錯顛倒。胡行亂作害世人。

禍未到時禍先到。

蔣氏曰、道德不云乎。常無欲以觀其妙。常有欲以觀

其竅。此正卅家所謂玄關一竅大道無多只爭那些

子。故曰不離這個人身有此一竅。天地亦有此一竅。

地理家須識此陰陽之竅今人只愛週迴好。而不知

那些子。那些子合得天機週迴不好亦好。些子不合天。

機週雖好皆無用矣陰山陽山陰水陽水皆現成

名色處處皆死的惟有那些子是活的些子一變陰

不是陰陽不是陽陰可作陽陽可作陰故曰識得五

行顚倒顚便是大羅仙世人不諳天機誤將山龍來

脈牽合平洋理氣執定板格陰陽反成差錯乃眞顚

倒也本欲造福反以賈禍楊公所爲惻然于中而有

是書也

姚氏曰週雖好非巳之物也而山水有一定之形

山是山水是水其陰陽無一定陰可爲陽陽可爲陰

辨正〇〇卷六四

蓋陰陽不能就於山水只可山水之就陰陽世人不

知以山龍平裏牽混因胃膈不化觸處成迷楊公喚

之不醒殊深痛恨嘆而罵之曰俗夫顛倒害世禰人。

胡亂害世者小人也但楊公之罵悲有不勝之煩且

無可止之日耶蔣公註曰一竅那些子者即是陰陽

交處一點精華為已身之所有其外乃為公共之物。

豈能濟我之用耳

直解週週言前後左右前後左右龍穴砂水好不

好人人知之如上山下水顛倒錯用時師從何窺

見井有以乾卦領震坎艮三男而分屬陽坤巽離

兌四卦分屬陰此乃先天之體非後天之用以之

論陰陽分兩片禍之先到不亦宜乎註云那些子

三字指挨星生旺而言城門得生旺雖過迴不好

亦吉如城門不得生旺過迴雖好皆無用矣隨氣

變遷卽是那些子氣化流行物換星移亦是那些

子所謂關竅者卽此意也

陽若無陰定不成陰若無陽定不生陽水陰山相配合

兒孫天府早登名

辨正□□第□四

蔣氏曰此節并下節元爲全經傾囊倒篋之言而泛
泛讀過則不覺其妙蓋舉平洋龍法穴法收山出煞
八卦干支之理一以貫之矣孤陽不生獨陰不育此
雖通論而大五行秘訣只此便了學者須在山水配
合上著眼所謂配合自然配合非尋一箇陽以配陰
尋一個陰以配陽也水即是陽山即是陰陰即是山
陽即是水故只云陽水陰山而不更言陰水陽山知
此者可與讀寶照經矣知此者亦不必更觀寶照經
矣

姚氏曰自昔有雄雌起而後化出多少陰陽千言
萬語反覆咏嘆至此仍是一雌一雄陰陽而已無非
陰山配其陽水陽水合其陰山所謂龍到頭者所謂
龍空氣不空者所謂立即一竅者所謂那些子者惟
配山水之交媾也蓋因陰陽合化萬物自生其有骨
魄在内是必蔭及子孫名題雁塔早登言發之速耳

笠解陰陽即來者爲陽往者爲陰之陰陽也陰山
陽水者當用將來之氣挨入水中已往之氣裝在
山上即爲陽水陰山此陰陽是氣運消長之陰陽

心一堂術數古籍珍本叢刊　堪輿類

非千支卦爻之陰陽又非左到右到之陰陽又

上元必須離水下元必須坎水之陰陽又非以來

水為陽去水為陰之陰陽也參透此開方知生成

配合之妙理矣水裏排龍水裏得陽山上得陰山

上排龍山上得陽水裏得陰此謂之陽水陰山與

水陽山也上文所謂陽山陽水者此也所謂山與

水相對者此也所謂江南江北主客東西亦即此

也。孤陽不生獨陰不長此天地生成至當不易

之理也配合即陽水陰山陰山陽水交互相生來

往皆春此真配合也苟能如此自有天府登名之

應

都天大卦總陰陽觀水觀山有主張能知山情與水意

配合方可論陰陽

蔣氏曰急接上文都天大卦豈有他哉總不過陰陽

而已真陰真陽只在山水上看而觀山觀水須胸中

別自有主張此主張非泛泛主張乃乾坤真消息所

謂天心是也山情水意四字全經之竅妙今人孰不

曰山水有情意而不知世人所謂情意非真情意也

辨正新解〇卷六下

識此情意則是陰陽便成配合青囊萬卷盡在箇中

於戲至矣

姚氏曰誠心敬請而有以也佳肴羅列於前謝金致

送於後敬為上賓主人慇懃勸飲非仰重先生之人

品非羨慕胸中之文才亦非相邀玩水觀山作消遣

開蓮之計其如此者專為主張欲求乾坤之消息耳

至如山情水意人皆共知山山有情水水有意所謂

用者主張矣其妙在於配合必得其山之情能配此

水之意此水之意可合其山之情陰陽始得相契以

能精神灌輸靈機由斯顯用猶下文云氣率變接習

貴頃來然有掛例之限妙理殊深惟恐自巳之主張

尚且未溥徒在座中朗誦些現成三元三合之章句

批淡多少不經之談以苔玩水觀山酒食之始繼之

受其謝金報以禍咎踵門殃及子孫而終白日青天

良可畏也夫陰陽之道毫髮無差是以配合之間不

容有毫釐之謬因天地之報應其無毫髮之爽以此

奉勸世人少去胡行而乾坤消息不易知之以免誤

人自誤直言祈諒幸甚

直解圭張郎天心正運之主張山情水意是山水

各得其宜之情意所言配合非尋一個陽以配陰

尋一個陰以配陽也要山上排龍水裏排龍一九

二八三七四六玄空會合也或一六二七三八四

九亦可山上水裏彼此相生陰陽相配最為合法。

此配合卽天心自然之配合知此則靑囊天玉之

機盡矣

都天寶照無人得逢山踏路尋龍脈前頭走到五里山

過著賓主相交接欲求富貴頃時來記取筠松眞妙訣

蔣氏曰上文說到山情水意都天大卦之理盡矣。此
節又贊嘆而言此都天寶照不輕傳世若有人能得。
以此觀山覩水一到山情水意賓主相交之處用楊
公訣法扦之頃刻之間。造化在手益一片熱腸深望
人之信從而發此嘆也

姚氏曰此節承上文之義而賓主交接卽是山情水
意用都天大卦配合山水交媾楊公所用妙訣亦是
此理如遇有緣依法扦之吉應之來且驟以此自為
贊嘆也

【值解】上文說山情水意此節言賓主相交總非四
吉四凶之呆格耳只要山水會合之地賓主相交
之處取一卦乘時之法催官驟法之秘頃刻之間。
自有魚龍變化之徵富貴霎時之應。
天有三奇地六儀天有九星地九宮十二地支天干十。
干屬陽分支屬陰時師專論這般訣誤盡闔浮世上人。
陰陽動靜如明得配合生生妙處尋。
蔣氏曰前簡贊嘆已足終篇又引奇門以此論者蓋
奇門主地從維書來與地理大卦同出一原而時師

辨直解合編　卷之二　都天寶照經　三七

用錯所以不驗惟有大五行是奇門真訣欲知此訣
只在陰陽一動一靜之間求其配合生生之妙則在
在有一陰一陽非干是陽而支是陰如此板格而已蓋
動靜即是山情水意即是城門一訣即是收山出煞
用一卦法所謂龍到頭者此也所謂龍身出脈者此
也所謂龍空氣不空者此也是名真寶主是名真夫
婦是名真雌雄終篇又提出此二字與上篇第三章
動靜中間求一語首尾相應楊公之旨抑亦微之顯

矣夫

姜氏曰中篇一十三節其一百四十六句皆申明上
篇第三章以下未盡之義以終平洋龍穴之變
姚氏曰此節總結統部之義也其地理巨門本出一
原巨門有三奇地理有三吉巨門有六儀地理有六
秀因人將下支方位排定版格而論陰陽以致誤世
妙處乃玫一動一靜配合雌雄爻媾卽是陰陽相見。
自有生生之道矣而青囊大旨盡此其下卷無非餘
義而已

直解上數句言前門之法世人用差所以不驗未

二句論陰陽動靜配合生生之妙陰陽非以山爲

陰水爲陽又非以千爲陽支爲陰又非以四卦屬

陽四卦屬陰又非以山爲陰水到右爲陽右水到左爲

陰也動靜亦非以形以靜而生靜以動而

動靜者卽天主動静生地主静以動而

成如明得天地陰陽動靜生成之與再細細尋其

生生配合之妙立空之髓可造乎其極矣○靜卽

地凡有形者皆靜爲方爲隅形象之謂也動者天

也曰空曰氣曰健無形之謂也動者運行于上無

一息之停。萬物生生化化成形成象何莫不由天
之動而始也。成形成象卽是靜卽是動以靜而生
靜以動而成也。地惟靜其所以生萬物卽是動動
者皆天始之也。天不得地則無所以生地不得天
則無所以成乾統坤地承天惟動故能統惟靜故
能承也。所云陰陽動靜配合生生與上篇求穴于
動靜之中相應

下篇

蔣氏曰上中二篇歷敘山龍平洋正變之旨自始至

終有本有末文雖斷續而義則相蒙下篇所言不過

前篇餘義而錯雜言之無有條貫奶章各論一事文

無承接義無照應淺者極淺深者極深學者分別觀

之可也。

尋得眞龍龍虎飛水城屈曲抱身歸前朝旗鼓馬相應

下後離鄉著紫衣

蔣氏曰此節專指山龍而言眞龍之穴龍虎分飛非

其病也眞龍行急龍虎之相隨亦急急則兩砂之末

乘勢逆回有似分飛昔人指爲曜氣正眞龍靈氣發

露之象也然情既向外則人事亦應之于子孫他方

發達謂之離鄉砂也。

姊氏曰凡有諸家數學之書不論何人一視皆可瞭

然必偽無疑信而用之其不誤人之事者幾希矣緣

天機不容顯言先賢既能明理不敢有違天命雖惻

然於中傳書濟世冀不推敲於章句而用其深心者

也卽此一節言山龍之兩砂齊逰因五星之情性不

同且外象不足而論蔣公能註精微立妙之書故曰

情既如而向王子孫他方發達奈人之愚蒙紛然以作

断訣言形說象玉子孫離鄉始發余本不應輕泄今

為再辨須當喚醒後人既云靈氣發露此是龍眞穴

的以能著其紫衣試思成名出仕不離其鄉而居於

本土佐君治民者乃古今罕有之事也然書中實指

之處亦屬不少未可樂作此想卽

氣故特指之

﹝直解﹞此節言眞龍氣勢行急之象恐人誤認為耀

乙字水纒在穴前下砂收鎖穴天然當中九曲來朝穴

悠揚澔蕩斗量錢兩畔朝歸穴後欹定然龍在水中蟠

若有聲爲數錢水催官上馬御階前。

蔣氏曰自此以下八節皆平洋水局形體吉凶之辨

此節言曲水纏身之格歇在穴後正前篇所謂後龍

空坐正穴也數錢水假借爲義俗而巧

姚氏曰緣有下砂之收鎖以能抱後抱後本無有他

合陰陽之氣而已幕講曰三卦一氣通九世貴無敵

自爲之合格雖點滴亦有神功而人之拘執必取曰

小而大混題名目作夾龔撥瓖川天元歌中云淺深

潤狹辨龍車此句是賓太約乘車號天龍此句是主

可見重於形局不在水之大小而論矣苟不明其卦

理縱有內勢之如洋猶似鏡花水月不能措手僅供

眼前之清賞耳

〔直解〕此節專言平洋砂形水法之至美者也

安墳故要看中眠寬抱明堂水聚囊出夾結成立字樣

朝來鸞鳳舞呈祥外陽起眼人皆見乙字彎身玉帶長

更有內陽坐穴法神機出處覓仙方

蔣氏曰此言堂氣形局之美至于內陽坐穴法正前

篇所謂來龍正坐及城門一卦之訣也非神機仙術

烏足以語此

姚氏曰取明堂之寬曠以能納水而如囊之所聚始

得疎通內外之氣比於鳳舞鸞飛形局之美如此必

求妙訣方明其向則坐穴之法無錯矣

[直解]中陽外陽內陽即內堂外堂玉帶乙字等語。

總論形局砂水之至美者也更有坐穴法句總承

上文龍空氣不空城門一卦之得與弗得而申言

之也。不拘內堂外堂水法總以止蓄團聚為佳。

水法團聚止蓄週迴自然相向有情

水直朝來最不祥一條直是一條鎗兩條名爲插脇水

三條云是三刑傷四水射來爲四殺八水名爲八殺殃

直來反去拖刀殺徒流客死少年亡時師只說下砂逆

禍來極速怎堪當墳路街如此樣亟宜遷改免災殃

蔣氏曰此節極言直來凶格蓋水神最忌木火以其

馳漏風沖泄乎莊元猶可衰運無蝶類矣

有殺氣無元氣也縱屬來朝亦有傾無益況諸路交

姚氏曰形如木火閃其煞之爲害尤烈必取於金水

土者天元歌中云卷應三垣幷列宿三垣是貪狼巨

卷二○○圖圖卷之二四都天寶照經　五三

門武曲三星以應金水土也。

重解此節專言直水之凶冲射者更凶路街田塍。

衝射者亦忌有則政之以免災殃

前水來朝又攏頭淫邪凶惡不知羞乾流自是名繩索。

自纏因公敗可愛。

蔣氏曰此曲水凶格水神雖以曲為吉然曲處須節

節整齊乃合星格若攏頭斜去及如繩索樣或大或

小或疏或密或正或欹皆似吉而凶縱然發福必有

破敗。

姚氏曰水本取曲必得轉折整齊如放束斜擺以同

乾流雖曲亦無情致則吉內藏凶反爲局之所忌免

强扶之其生變易不可不慎耶

直解 穴前水形似曲非曲似直非直者謂之擺頭

似是而非最易誤認故特指之水形如此不拘左

右前後二宅均忌

左邊水反長房死右邊水射小兒亡水直若然當面射

中子離鄉死道傍東西南北水射腰房房橫死絕根苗

貪淫男女風聲惡曲背駝腰家寂寥

郎夫寶照經 五十三

左邊水反長房死離鄉悴逆皆因此右邊水反小兒傷

風吹婦女隨人走當面水反中男當斷定二房有損傷

左右中反房房絕切忌墳塋遭此期

蔣氏曰以上數節雖義淺而辭鄙然其應甚速以其

切于用也故存之惟公位之分不可盡拘耳

姚氏曰反水雖屬至凶須辨在於何處不可槩論然

凶中未嘗無吉意以微疵而去其甚有尖大地貴於

變通取用亦能發福若妄廢而為之最易興災釀禍

形

重解天玉青囊都天寶照或言體或言用或兼體

用而言。千言萬語不外趨避兩字此兩節專指砂

形水法衝射反跳而言如諸般凶山惡水即合用

法切不可因其合用而收之也

一水裏頭名斷城下之雖發未為榮見孫久後房房絕

水到砂收反主興

蔣氏曰平洋穴取近水三方皆可逼窄唯穴前明堂

須寬容不迫展舒穴氣若一水裏頭穴無餘氣雖環

抱亦不發若面前另有一枝水到則又以接水呈秀

其過窄之氣有所發洩反不為凶爾。

姚氏曰內外之氣貴於順達如若不能舒展其有疴
矣別有一枝水接則逼狹之氣由此導引而通愈通
愈暢所以凶可變吉今人每每禁遏去流以為可聚
豈非自欲壅濘殊不解其意耳

【鮮】形雖環抱狹而帶淺左右前後毫無潤狹生
動之意名曰斷城又名裹頭裹頭之水穴前陽氣
不舒最易敗絕似吉非吉故特辨之。

茶槽之水實堪憂莫作蔭龍一例求穴前太偏割唇腳

不見案分反見愁

蔣氏曰穴前池塘水聚天心名蔭龍水本為吉局者

硬直深坑形似茶槽既非佳格或明堂寬曠猶未見

凶更加急葬穴氣太偪則有凶無吉矣同一穴前池

水形局軟硬立穴緩急其應不同不可不深辨也

姚氏曰形體之吉凶不在於一池而論如格之既合

無池亦隹苟非其局縱有百池之何為雖在寬緩形

軟誠無一益之補加以硬直急葬寶能發禍之深今

人不明局之是否惟知開掘為照所謂二十四山有

火坑矣

宜解直硬深坑毫無動意謂之茶槽止蓄團聚照
穴有情謂之應龍茶槽宜遠遠則不割應龍宜近
近則得神切不可誤認而遠近錯用也

立武擺頭有多般未可慊然執一端或斜或側或正出
須憑直節對堂安擺頭直出是分龍須取何家龍脈蹤

大山出脈分三訣未許專將一路窮
蔣氏曰立武水來本合後空活龍之格宜為正坐之
穴矣然亦須詳其來法以辨純雜定吉凶未可執一

地蓋水有偏出正出不同惟直節對堂安乃見眞立

武水若擺頭曲來而又直出前去一曲一直之間龍

脈不一是謂分龍不必分兩道而後謂之分龍也須

察其曲來是何脈直去是何脈細細推詳而後可定

其何家蹤跡以便下卦若是水大則不止一宮之氣

正坐是一脈偏坐又是一脈偏右又是一脈故云分

三訣也論坐後之脈精詳曲常搜剔無遺乃至于此

可謂明察秋毫者耶

姚氏曰其玄武水須看水之大小至要察其來去曲

沈氏玄空學卷六

孤之間是否分龍或側或正有無撥頭宜乎細加推
詳未可牽強誤下耳

[按]解擺頭言水似曲非曲之狀玄武指穴後穴後
之水或曲或直或向或背情狀不一難於盡舉只
要與穴前一般排算故曰對堂安也

家家墳宅後高懸太陽不照火陰偏必主其家多寂寞
男孤女寡實堪憐

蔣氏曰此節後空之義因世人都喜後高故復叮嚀
如此人但知後高為有坐托不知其掩蔽陽光而偏

照陰氣生機斬絕人口俗仃故有孤寡之應也可不

戒與予觀人家灾後有挑築兩三重照山以補後托

未有不大損人丁甚至敗絕無後者利害攸關特爲

指出此節顯言平洋格法若是山龍之灾又以後高

爲太陽正照而吉後空爲太陽失陷而凶讀者莫錯

會也

姜氏曰以上九節首節言山龍後八節言平洋指形

局也

姚氏曰可嘆世之作墳者不徹後挑照山甚至一則

荊玉會粹　卷八四

龜地盤之大小周築圍墻造設牌坊房屋而將外吉
水遮蔽生氣阻塞。男孤女寡實出自取其咎。人之
墓有不樹不封之說。而定葬制穴居野處者。其與天
日之精華。以同水光之相照耳。

[宜解]要在未立向以前必先按其山向。排其五行。
當空則空。當實則實。所謂龍空氣不空。龍實氣不
實則此意也。高一寸為山。低一寸為水。高者當作
山用。低者宜作水論。倘上山下水。顛倒候用則有
寒天之患矣。大凡山龍平崗。及墩泡高埠以地

氣為主者穴後宜高水龍平洋及一切湖蕩圩邊

凡以水氣為主者穴後宜空切不可拘定後空為
是後局為非只要後空得後空之用法後高得後
高之用法總要隨地適宜高低各得不必拘拘於
後空後實也

貪武輔弼巨門龍力可登山細認蹤水去山朝皆有地

不離五吉在其中

蔣氏曰此節及下文九星皆指形局而言蓋見其星
体合吉方登山而定其方位若形局方位皆吉卽水

去亦吉今人動云第一莫下去水地謬矣。

姚氏曰局之能合三星而後定卦詳其方位形如木

火。亦可不必細看矣上文言之再再吉凶俟開復又

詠嘆耳。

【直解】此節專辨峰巒形局五星九星正體變體形

象之吉凶山形水勢星體巒頭既吉方登山細認

乃尋龍之要訣便而提且省登山涉水之勞矣所

壺五吉是兼貪兼輔之五吉謂形局都合再查水

之去處果合補救出殺之妙用則來亦吉去亦吉

矿祿廉文凶惡龍世人墳宅莫相逢若然談作陰陽宅

縱有奇峰到底凶

蔣氏曰此二節專言平洋九星水法

姚氏曰形之不能周正則主其凶縱有水朝砂揖亦

未能獲其吉應丑

〔直解此四龍形象之最惡者山龍平洋俱忌偏然

懼作縱有奇峰不能為福也○水法九星曲者為

水而者為木方正者為土環抱者為金直而尖者

為火總而言之。抱繞止蓄向穴有情者為吉反背

無情者為凶。如破軍祿存廉貞文曲諸般星體不

論山龍平洋二宅均忌

本山來龍立本向返吟伏吟禍難當自蘊離鄉蛇虎害

作賊充軍上法塲明得三星五吉向轉禍為祥大吉昌

蔣氏曰本山本向非子龍子向丑龍丑向倒騎龍之

謂也蓋指八卦納甲而言山龍有納甲木卦向法皆

淨陰淨陽其在平洋向法反不拘淨陰淨陽而以本

卦納甲于支位位作返吟伏吟凶不可當三星與五

辨正合編　卷之四　都天寶照經　五

吉不同三星吉龍體五吉吉外氣消詳龍體卦氣之
中郇有天然向法可不犯本宮而災變為祥矣
姚氏曰形局旣取三星須當收金五吉方為合格此
三星非是必得水兼於金土土兼於金水金兼於水
土之說三者之中得一則可取用而向從納甲之卦
為官之如此凶位位反吟之故耳

直解本山本向者本元之旺氣到山也本元之旺
氣到山郇是反吟伏吟三星謂金水土三星五吉
謂天元取輔人地兼貪之五吉吴得三星五吉郇

能轉禍為祥矣。細拨前後兩個向字反吟伏吟由

向而起五吉亦由向而起由此觀之地之吉凶其

權作向也。明矣其權在五吉也。更明矣。苟曉五吉

三星之妙理山水分用之要訣方知在山謂本山

在水。即為十道。用得為三吉用失。即是反吟伏吟在水

謂三吉在山便是本山。數語當細細揣之自得五

吉三星補救直達之妙用矣。

龍真穴正誤立向陰陽差錯悔吝生。幾為奔走赴朝廷

繞到朝廷帝怒形緣師不曉龍何向墳頭下了劉官星

蔣氏曰此言龍穴雖眞。而誤立本宮之前陰陽不和
至于剝官也盖地埋雖以龍穴爲重發與不發專由
龍穴而立向坐宮又穴中迎神引氣之主宰此處不
淸潔如玉之瑕不成美器於孜廣大而蘊精微又何
可不詳審也埋此所謂向非以山向五行起長生爲
消納也亦非小玄空生出剋出生入剋入之說學者
慎之。

姜氏曰以上四節皆言平洋理氣之用

姚氏曰地之成局其有眞穴而重又在於點穴出向

辨正合解卷之四

至於點穴前後左右之間。不許有尺寸之差。出向奕

容有毫釐之錯。雖局勢不一。以三卦理之所管。稍有

更移則不為美。壁欄定於項刻。蔣公註子午卯酉

四山龍一節內云。乃於諸卦位中隨便立向由此人

各臆度而為之。不思下卦則又以方圓為規矩所以

辨正一書難知難明。即此上下之間截然相反其言

隨便者乃局局之不同。而言規矩者并但不容隨便。

即是尺寸毫釐之限耳。天元歌中云毫厘尺寸要澄

清絲奧語內有來脈明堂不可偏。又曰明堂十字有

玄微其明堂分言爲主故向亦作此說內有妙理存

焉而俗師無知將墓門添向作此駭異之爲未省是

何肺腑非如陽宅爲敷衍格局周遭墻垣比鄰疎密

不一門一啓氣從此入而墳在於郊原曠野其氣皆

可以入墓門死物豈能強牽氣之必出人伺不能於

強何況於氣乎夫氣爲動物陽宅之不論大小而有

牆垣氣之不致閉塞者因人之氣自與陰陽之氣相

貫其人在內行動其氣亦是運之於是氣之不出他

處其從於門以人之往來也而陰宅之不可築牆者

其骨乃屬定物氣之不能舒展則生機自塞矣試問

如無墓門之墳其三向之說又作何爲勢必至將其

柩分而立之始遂若輩之意且墓門不論在何方位

爲有損無益之物故再言之耳

〔直解龍院眞穴旣的誤立本宮陰陽差錯之間自

有剎官之患此剎官即上節所言本山木向反吟

伏吟之故也非術註所謂壬向之剎官又非流破

官旺之剎官所謂剎官者正是上山下水顚倒誤

用官星受剋之剎官也

尋龍過氣尋三節父母宗枝要分別孟山須要孟山連。

仲山須要仲山接不問蓋粘細推詳節節照定何脈良

若是陽差與陰錯縱吉凶辰發不長一節吉龍一代發

如逢雜亂便參商

蔣氏曰此等卦理中上二篇論之已詳反覆叮嚀致

其深切之意又指明發福世代久暫之應全在龍脈

節數長短故父母宗支要分別也。

姚氏曰此節言龍得純吉其凌可許悠遠略有差錯必

多變易于探矣能耐久耶

辛壬會而聚講論之一都大寶照經 二

直解三節即格龍三節不亂之意父母宗枝是來
龍來脈過峽起頂之宗枝分別過峽起頂屬何卦
之宗枝則知來龍來脈之合不合及孟山仲山郎
于字出脈子字寄之意看雜何干來脈何干入首
粗細從來龍來脈上看到立穴處干與支體與用
一絲不亂方謂之良如有一毫差錯則吉中有凶
於成美器炎可不加意細察乎是節姊純雜定吉
凶看的數定久暫乃为位理氣之最要者也故又

先識龍脈認祖宗峰腰鶴膝是眞蹤要知吉地行龍止

兩水相交夾一龍夫婦同行脈路明須認劉郎別處尋

平洋大水收小水不用砂關發禍久水口石似人物形

定出擎天調鼎臣

蔣氏曰此節兼論山龍平洋言山龍眞脈則取峰腰

鶴膝爲過峽而平洋則不然只取兩水相交爲來龍

行脈不在過峽上看脈也但須脈上推來識干支純

雜夫婦配合之理如此宮不合又當別求一宮不可

牽强誤下故云劉郎別處蔣且山龍取砂爲關而平

洋不用砂關只要大水行龍收入小水結穴有此小
水引動龍神千流萬派其精液皆注歸小水以陰穴
氣此平洋下穴秘旨一語道破混沌之竅鑒矣觀此
則知所謂兩水相交非謂左右兩水會穴前而龍從
中出謂之行龍也正謂大水與小水相交之處乃真
龍之行真穴之止也既有此小水收盡源頭又何用
砂水之為我用與否豈砂之攔阻能強之者耶人且
不可強而況于水若水口捍門此山龍大地雄峙一
方之勢豈將山此擬楊公秘愼之旨互支隱意雖若

並陳大旨偏重平洋而以山龍相映發以辨其不同

途爾貴學者言外會心若不知剖析而視為一合之

說將雜亂而無緒矣

姚氏曰山龍結地其有蜂腰鶴膝則此去不遠而平

原之地不在過峽砂關之上推求惟有兩水之相交

大水收大小小水則結穴已在相近矣為此並聚而言

之其不重於大水因屬公共之物小水乃為已有雖

點滴均是元神且小水為枝而枝乃取其嫩以是愈

細愈能收蓋源頭精液歸注於此凡生之菓不在本

皆在於枝由嫩而發所以龍有老嫩之分天元歌中
云若遇嫩山斜嫩水又曰若是嫩龍眞是嫩卽此之
謂也雖有此嫩枝能生菓然菓品甚多貴賤不一
所產而各有地開花結實分時令之不同菓之色味
大小不等生熟亦有不齊猶有耐久不耐久之別尚
有嫩枝竟不生菓故有劉郎別處等之諧會序曰天
下諸書對不同其有同而不同之意耳

凡體束細者爲蜂腰收而略放者爲鶴膝此皆象
形也眾水去處爲水口又爲去口兩有眞結水口

必有大石當衆水之衝關攔水口。其石如琴劍印

尺窟蛇牛馬之形者。定出擎天調鼎之臣如穌郡

之范墳。水中有靈石俗呼曰魁星石。又宜與忠烈

盧公之祖墳。水口有大石一塊廣濶數丈形方如

印正當衆水之口忠烈亦是明季一代之人物正

是擎天之應驗也。

龍若直來不帶關支兼干出是福山立得吉向無差誤。

催祿催官指日間。

蔣氏曰此亦上下二篇所已詳蓋以四正爲例而其

餘自在言外非位位取地支也。

姚氏曰地理妙用前已曲盡精蘊無微不到此篇皆

是餘義反覆咏嘆而已

【直解】此節言山水二龍形雖帶直只要不帶欹斜

反跳僵直死硬種種開殺用得安妥亦能發福不

可因其形直而棄之也

乾坤艮巽脈過凹節節同行不混淆向對甲庚壬丙水

兒孫列土更分茅仲山過脈不帶開三節山水同到前

斷定三代出官貴古人隻驗無虛言

蔣氏曰此則畢言四隅龍格反取干神並不言及辰
戌丑未則其非專重地支可知矣脈是内氣而向對
之水是外氣兩不相妨也楊公辨龍審卦之妙口口
說重地支而本旨實非重地支世人被他瞞過多矣
豈知一隻眼逗漏于此簡學者其切忽哉

姚氏曰此簡言乾坤艮巽而不云及辰戌丑未上篇
所謂夫婦宗且上文之四正支兼於干為福山豈有
凶隅龍格就不可兼於辰戌丑未乎蔣公云世人被
他瞞過多矣然公未嘗不於此意書中每於吃緊之

辛丑合圖　　卷之四都天寶照經

處何嘗有先言之漏。其傳書不傳訣。恐犯天律耳。

頂解　上節言直來不帶開殺。則易此節言屈曲而

求其不雜則難果能去來屈曲節節整齊夫婦同

行不偏不倚一絲不亂更兼山水純一體用一氣。

自有列土分茅之貴矣過脈節數等語總言世代

久暫之應驗也。

發龍多向支神取。若是于神又不同支若載干為夫婦。

干若帶支是兒龍子癸為吉壬子凶三字真假在其中。

乾坤艮巽天然穴水來當面是真龍要識真龍結真穴

只在龍脈兩三節三節不亂是真龍有穴定然奇妙絕

大金難買此立交福祿過者毋輕洩依圖立向不差分

寶照經無休歇時師不明勉強扦雖發不久即敗絕

蔣氏曰發龍多取支神此乃用支之卦也干神不日

無取而乃曰若是干神又不同明明有用于之時而

特與用支者不同爾于帶支為鬼龍只就子癸壬子

一宮為例其真與假三字之中迴然差別何以乾坤

艮巽獨名天然穴蓋真以乾坤艮巽為龍不更轉尋

名相故曰天然若他龍則干支卦位非一名矣水來

當面是真龍此語石破天驚鬼當夜哭蓋乾坤艮巽

之穴又與取支惡干者不同觀此則寶照之訣寶非

單乘支神洞然明白矣至於格龍之法只要兩三節

不差錯則卦氣已至不必更多求干四五節之外恐

人拘泥太過過著好龍當面錯過所以發此非楊公

遷就之說也但此兩三節定要清純若到頭節數略

有勉強不能無訣又戒作者須其難其慎也

姚氏曰二十四山皆有䓁龍本不拘於干支用十用

支有別干支之好處干支兼取其有兼取之好處然

干支俱是現成名色。角取在人。而一宮之內尚有吉

凶真假之分禍福其在一間耳所以山山皆有珠寶。

現今珠寶未嘗不是遍地天元歌所謂。頑山頑、水盡

黃金誠哉斯語竟有論者曰某州某縣已無佳穴以

因自在夢中雖開其眼。何能有知縱有可產珠寶之

山能生黃金之地一經夢中人之手亦必變成火坑

而巳其云乾坤艮巽之意一者言非專重支神再者

四隅之單用以無名相。而曰天然非楊公不能出於

此語無蔣公何能有石破天驚之詿釋可稱雙絕矣。

如格龍之說。何必拘於節峽形局純吉。足可發福。若

過分多求。則為不及。其到頭乃尤重也。

直解四正之龍。支神為主。四隅之龍。干神為主。正

與維干與支妙。在用支之卦則用支。用干之卦則

用干。在用支之時則用支。在用干之時則用干貴

在各得其用耳。惟乾坤艮巽。又與用干用支者有

異。只求水來當面。便是真龍。是非專重地支可知

矣。自三節以下皆以格龍之法也。

一個星辰一節龍。龍來長短定枯榮。孟仲季山無雜亂。

數道人龍上九重節數多時富貴久。一代風光一節龍、

蔣氏曰此亦論平洋龍神節數以定世代遠近之應、

總在行度之純雜上斷也

姜氏曰以上六節皆言平洋大五行之法蓋中上二

篇所以明而反覆互見者也

姚氏曰此言發之長促在節數而定亦未可拘執於

此而有論者曰山龍之能悠久水龍易歇幕講勝於

蔣公殊不知水龍亦有大小不一山龍未嘗不是如

此其發之長促位之尊卑在於地之大小而地之大

小乃出是二公有肯付不肯付之間若不明妙旨竟

如夔中能得實無二法諺云理字三人抬不動此言

三才之理則一而已矣然而此書之章句并天元歌

金口訣誠如蔣公之言訂其紕繆析其是非又曰然

皆莊蒙所謂糟粕必求其精微則亦不在此也固是

如此其合而參之毫無一語隻字之異始終莫不相

符非如他部地理東牽西扯雜湊成書凡論均屬支

離甚至一書之中前後自相矛盾其由非理之故耳

〔直解〕水法一曲一折便為一節凡曲動處水之情

形總以相向抱穴有情者為佳如龍來長短正謂
愈曲而愈妙也曲多則易于夾雜如果曲曲折折
或孟或仲均歸一路者大貴之地也世代久暫之
應都在曲折純雜向背上古驗也

地理辨正再辨直解卷之四終

辨正合編卷二郭天寶照經　三三

地理辨正合編

杜陵蔣平階大鴻氏著

門人　臨安于鴻儀

　　　會稽姜　垚較正

錫山無心道人　評定

平砂玉尺辨偽總論

地理多偽書平砂玉尺者偽之尤者也或曰是書也以

世目覩之儼然經也子獨辨其偽何居曰惟世皆以為

經也余用是不能無辨今之術家守之為金科玉律如

蕭何之定漢法苟出乎此不得為地理之正道術士非

此不克行主家非此不致信父以教其子師以傳其弟

果能識此即可以自號于人曰堪輿家延之上坐操人

身家禍福之柄而不讓拜人酒食金帛之賜而無慚是

以當世江湖之客寶此書爲衣食之利器譬農之耒耜

工之斧斤其子謀生之策可操券而得也有朝開卷而

成誦幕挾南車以行術者矣豈知其足以禍世如是之

酷哉知其禍世而不辨余其無人心者哉或曰是書之

來也遠矣子又安知其爲偽也乃從而辨之曰我亦辨

之以理而已矣或曰此亦一理也彼亦一理也安知子

城與書繼有
數十百種種
都是辨頭
詳而且盡惟
書戴寶照
經自眞有
傳干及管郭
楊管地宗此
法自門一行
起法雜出
此盡僞最於
是法失傳於
偽法大行
國初蔣平階
先生安解梭
之學幣究多

之理是而彼之理非歟曰余邀惠于先之賢哲而授余
以黃石青烏楊公幕講之秘要竊自謂于地理之道得
之眞而昆之確矣故于古今以來所謂地理之書無所
不畢覽凡書之合于秘要者爲眞不合秘要者爲僞而
此書不合之尤者也既得先賢之秘要又嘗近自三吳
兩浙遠之齊魯豫章八閩之墟縱觀近代名家墓宅以
及先世帝王聖賢陵墓古蹟考其離合正其是非凡理
之取驗者爲眞無所取驗者爲僞而此書不驗之尤者
也故敢斷其僞也蓋以黃石青烏楊公幕講斷之以名

年故作此書
句句中明言
學之與言傳
邪表正之深
意也

家墓宅先世古蹟斷之非余敢以私見臆斷之也或曰

然則秉忠之課白瘟之註非與曰此其所以為偽也夫

地理者裁成天地之道輔相天地之宜以經邦定國禍

福斯民者也三代以上明君哲相無不知之世道下衰

其不隱秘而寄之乎山澤之癯逃名避世之士智者得

之嘗以輔翼與王扶持景運而其說之至者不敢顯然

以告世也文成公之事明太祖其最著者矣及其沒也

盡舉生平所用天文地理數學之書進之內府從無片

言隻字商千家而教其子孫況肯著書立說以傳當世

凡有地理書偽託名管郭
楊賴四大名家從古如斯
家從古如斯
訓之奈何惟
讀者察其真
偽可也

即故凡世本之稱青囊者皆偽也均之佐命之英知君

田則知乘忠矣或曰何是書之文辭井井乎若有可觀

者也曰其辭近是其理則非蓋亦世之通人而不知地

理者以意爲之而傳會其說託之乎二公者也余特指

其謬而一一辨之將以救天下之溺于其說者

辨順水行龍

山龍之脈與平壞龍脈皆因水以驗其脈之動靜而皆

不卽水以限其脈之去來今先言山龍夫山剛質也水

柔質也山之孔竅而水出焉故兩山之間必有一水山

長白雪嶺襄
口外一帶是
北幹太行由
東泰山園中
順天河南湖
北江中幹建

按此雷州臨
遊卽江寧郎

雲南貴州四
川湖廣江西
臨延浙江天
日前由九華
諸山中垂國
所从江寧郎
東南紅毛諸

寶下之處卽水流行之道水隨山而行非山隨水而行
也山之高者脈所從起山之卑者脈所從止山自高而
卑故水亦從之自高而卑此一定之理也往往大溪大
澗之傍小幹龍所憩焉大江大河之側大幹龍所休焉
蓋來山之衆支聚乎此故水之衆派亦聚乎此也然
據水之順逆論脈之行止但可就其大概而言爾若必
謂水于此界脈卽于此斷水向左流脈必不向右行則
不可也夫龍脈之起伏轉摺千變而不窮有從小江小
湖崩洪而過者矣有從大江大河越數十百里不知其

馬即是門幹
分枝大約長
江與黃河發
源之處即是
而幹分後分
派之所

踪跡端倪而過者矣有收本身元辰小水逆行數里而

結者矣有向大幹水逆奔數百里而結者矣龍之眞者

水愈斷而其趨駃愈奇勢愈逆而其骨力愈壯豈一水

之橫流可過之使斷牽之使前乎今玉尺云順水直衝

而逆回結穴方知體段之眞若逆水直衝而合襟在後

斷是虛花之地泵水趨歸東北而坤申之氣施生羣流

來向震辰而乾亥之龍毓秀甲卯成胎不食酉辛之氣

午丁生意豈乘坎癸之靈據此而言是天下必無逆水

之龍也豈其然哉或曰子既言者山龍也玉尺所言平

壞也，故其言曰乾源噴野，鋪氈細認交襟極攏平坡月
角詳看佳結山龍有脈可據，故有逆水之穴平壤無脈
可尋，止就流神之去來認氣之行止豈與山之過峽起
伏同斷而語乎？于生平專分山水二龍以正告天下何
又執此論也。解之曰平壤固純以流神辨氣與山之脈
峽不同，至以水之來去為氣之行止，則我不取我以為
酉辛水到則甲卯之胎愈真癸坎流來則午丁之靈益
顯坤申坤氣衆水必無東北之趨乾亥成龍羣流必無
巽辰之向由此而言玉尺不但于山龍特行特結之妙

陡然未知且于平壤雌雄交媾之機大相背謬至其絲

論三大幹龍而以為北幹乃崐崙之丑艮出脈而龍皆

坤申南幹乃崐崙之巽辰出脈而龍皆乾亥中條乃崐

崙之寅甲邜乙出脈而龍皆庚酉辛註者遂竄其辭曰

北幹無離巽艮震穴中幹無震巽艮穴建康止有南離

臨安止有坤兌八閩止有坤申固哉玉尺之言龍也夫

舉天下之大勢大抵自兌之震自乾之巽自坤之艮者

地勢之從高而下然也主干龍之剝換傳變豈拘一方

真脈牲喜逆行大地每多朝祖若執此書順水直衝之

辨貴陰賤陽

說遇上格大地□□以爲不合理氣而棄之而專取傾瀉奔流瀉然無氣之地談認爲眞結而葬之其諸害于人烏有限量余故不得已正門噦反覆以辨之也。

易曰立天之道曰陰與陽椎此二氣體無不具用無不包是二者不可偏廢故曰孤陽不生獨陰不長是二者未嘗相離故曰陽根于陰陰根于陽舍陽而言陰者非陰也舍陰而言陽者非陽也聖人作易必扶陽抑陰者何也曰道一而已故曰乾分而爲二而名之曰神則兩

儀之對待者壹曰陰陽以一元之渾然者言惟陽而已

言陽而陰在其中矣而就人事言則陽為君子陰為小

人內君子外小人為泰丙小人外君子為否由此言之

陽與陰不可分也苟其分之則貴陽賤陰如聖人之作

易可也若貴陰賤陽是背乎聖人作易之旨而亂天地

之正道也玉尺乃以艮巽震兌四卦為陰之旺相而貴

之以乾坤坎離四卦為陽之孤虛而賤之節以納甲八

于十二支丙納于艮辛納于巽庚納于震而亥卯未從

之丁納于兌而巳酉丑從之十者皆謂之陰而貴以甲

納乾以乙納坤以癸納坎而子申辰從之以壬納離而
午寅戌從之十者皆謂之陽而賤于是當世之言地理
者不論地之眞偽若何凡見陰龍陰水陰向則槪謂之
吉而見陽龍陽水陽向則槪謂之凶此乖謬之甚者也
夫吉凶之理莫著于易易六十四卦各有其吉各有其
凶八卦六十四卦之父母也豈有四卦純吉四卦純凶
之理八千十二支亦然吾謂論地止論其是地非地不
當論其屬何卦體屬何干支若果龍眞穴的水神環抱
坐向得官雖陽亦吉也若龍非眞來穴非眞結砂飛水

背坐向偏斜雖除亦凶也又拘所謂三吉六秀而以為

出于天星考之天官象言紫微垣在中國之壬亥方而

太微垣在丙午方天市垣在寅艮方且周天二十八宿

分布十二宮皆能為福皆能為災地之二十四干支上

應列宿亦猶是也何以在此為吉在彼為凶此與天星

之理全乎不合至謂乾坤為老六辰戌為魁罡丑未為

暗金殺種種悖理夫乾坤乃諸卦之父母六子皆其所

産何得為凶老嫩之辨在于龍龍之出身嫩卽乾坤亦

嫩也龍之出身老卽巽辛兌丁亦老也斗之戴匡為魁

斗柄所指爲天罡此樞幹四時斟酌元氣造化之大柄

也理數家以爲天罡所指衆煞潛形何吉如之而反以

爲凶耶五行皆天地之經緯何獨忌四金且庚酉辛金

之最堅剛者也既不害其爲吉而獨忌四隅之晤金甚

無謂矣諸如此類管郭楊賴從無明文不知妄作流毒

天下始作俑者其無後乎我不禁臨文而三歎也

辨龍五行所屬

盈天地間止有八卦先天之位曰乾坤定位山澤通氣

風雷相薄水火不相射八卦總之陰陽而已山陽澤陰

雷陽風陰火陽水陰皆兩儀對待之象對待之中化機
出焉所謂立牝之門是為天地根一陰一陽之謂道八
卦者天地之體五行者天地之用當其為體之時未可
以用言也故坎雖為水此先天之水不可以有形之水
言也離雖為火此先天之火不可以有形之火言也故
艮為山而不可以土言也兌為澤而不可以金言也震
巽為風雷而不可以木言也故以八卦屬五行而論龍
之所屬者皆非也若論後天方位八卦而以坎位北而
為水以離位南而為火以震位東而為木以兌位西而

爲金似矣四隅皆土也又何以巽木乾金不隨四季而

隨春秋耶此八卦五行之一謬也及論二十四龍則又

造爲三合之說復傅（音附）會（俗作閂非）會之以雙山更屬支離牽

強而全無憑據夫低（音）巽東南西北爲四正五行則己丙

丁皆從離而爲火亥壬癸皆從坎而爲水寅甲乙皆從

震而爲木申庚辛皆從兌而爲金辰戌丑未皆從四隅

而爲土猶之可也今又以子合辰申而爲水并其鄰之

坤壬乙亦化爲水以午合寅戌而爲火并其鄰之艮丙

辛亦化爲火以卯合亥未而爲木并其鄰之乾甲丁亦

化為木、以酉及巳丑而為金、折其鄰之巽與庚癸亦化為

金、論八卦。斯卦爻錯亂論四令則方位顛倒此三合雙

山之再謬也、所謂多岐亡羊朝令夕改自相矛盾不特、

悖于理義而亦不通于餘說者矣、又以龍脈之左旋右

旋而分五行之陰陽曰亥龍自甲卯乙丑艮寅壬子癸

方來者為陽木龍亥龍自未坤申庚酉辛戌乾方來者、

為陰木龍其餘無不皆然謬之謬者也、又以龍之所屬

而起長生沐浴冠帶臨官帝旺衰病死墓絕胎養又以

龍順逆之陰陽分起長生曰陽木屬甲長生在亥旺于

邱墓于未陰木屬乙長生在午旺于寅墓于戌其餘無

不皆然舉世若徒以為定理真可哀痛夫、五行者、陰陽

二氣之精華散于萬象周流六虛盈天地之內無處不

有五行之氣無物不具五行之體今以龍而言則直者

為木圓者為金曲者為水銳者為火方者為土、土窮五

行之變體而曰貪狼木巨門土祿存土文曲水廉貞火

武曲金破軍金左輔土右弼金五行之變盡矣此楊曾

諸先賢明目張膽以告後人者也夫此九星五行者或

為起祖之星或為傳變之星或為結穴之星或為夾從

輔佐之星或兼二或兼四甚而五星傳變則地
大不可名言此以見五行者變化之物未有單取一行
不變以為用者也今不于龍體求五行之變化而但執
方位論五行之名字是使天地之生機不變不化取其
一。盡廢其四矣又從方位之左右旋分五行之陰陽是
使一氣之流行左支右絀得其半并未全其一矣試以
物產言之隨地皆生五材若曰南方火地無大水北方
水地不火食西方金地不產各材東方木地不產良金
有是理乎試以稟性言之盡人皆具五德若曰東方之

人皆無義西方之人皆無仁北方之人皆無禮南方之

人皆無智有是理乎且獨不觀四時之流行乎春氣一

噓而萬物皆生不特東南生而西北無不盡生秋氣一

肅而萬物皆落不特西北落而東南無不盡落是生殺

之氣不可以方隅限也又不觀五材之利乎棟梁之

木遇斧斤而成材入冶之金須煆煉而成器大塊非耒

耜不能耕耘清泉非爨燎不能飲食道家者流神而明

之故有水火交媾金木合并之義以為大冊作用即大

易既濟歸妹之象也故曰識得五行顛倒便是大羅

仙相生者何嘗生相尅者何嘗尅乎今壬尺曰癸壬來

自論庚乃作體令之象坎水迴歸寅耶名為領氣之神、

金臨火位自焚厭屍木入金鄉依稀絕命火龍艮見兌、

庚遇北辰而自廢東震愁逢火尅見西兌而傷魂是山

川有至美之精英而以方位廢之也且五行之論生旺

藝而亦限之以方位其說起于何人若以天運言則陽

升則萬物皆生陰升則萬物皆死無此生彼死此死彼

生之分也若以地脈言有氣則在在皆生無氣則在在

皆死無此生彼葬此旺彼衰之界也今龍必欲自生摟

旺自旺朝生水必來于生旺去丁凶謝砂之高下亦如

之皆因誤認來龍之五行所屬于是紛紛不根之論咸

從此而起也更有謂龍之生旺墓若不合別有立向消

納之法或以坐山起五行或以向上論五行不知山龍

平壤皆有一定之穴生成之向豈容拘牽字義以意推

移胡向論五行固爲乖謬坐山論五行亦未爲得也玉

尺又兩可其說曰可合雙山作用法聯珠之妙宜從卦

例推求尊納甲之宗又何其鼠首兩端從無定見聊我

願世之學地理者山龍止看結體之五星平壤止看水

城之五星此乃五行之眞者苟精其義雖以步武楊頼

亦自不難至于方位五行不特小立空生尅出人宗廟

洪範雙山三合斷不可信卽正五行八卦五行亦不可

拘此關一破則正見漸開邪說盡息地理之道始有入

門嗟呼我安得盡洗世人之腑腸而跳然告之以立空

大卦天元九氣之眞訣使黄石青囊之秘昭昭乎若揭

日月而行也哉。

辨四大水口

夫四大水口有至理存焉楊公書中未嘗發露惟希夷

先生闡闢水法倡明八卦之理而四大水口之義寓于

其中此乃黃石公三字青囊所固有楊公特秘而不宣

卽希夷猶引而不發也今人不知天元入卦之妙用妄

以凡庸淺見測之遂以爲辰戌丑未爲五行墓庫之方

輒以三合雙山傅會之曰乙丙交而趨戌辛壬會而聚

辰斗牛納丁庚之氣金羊收癸甲之靈鳴呼謬矣以三

合五行起長生墓庫之非卽龍上五行左旋爲陽右旋

爲陰而同歸一庫穿鑿不通之論前篇皆已辨之獨此

四大水口原屬卦氣之妙用青囊之正訣而亦爲此輩

牽合錯解以為巒真余每開卷至此不勝扼腕故又特

舉而言之夫國商先生八大局皆從洛書八卦中求一

卦有一卦之水曰與四隅之卦而言則有四若兼四正

之卦而言其實有八然括其要旨則一水曰而諸卦之

理己具學者苟明乎此山河大地布滿黃金矣特少天

心所秘非人勿傳故不敢筆之于書郎因俗本微露一

端任有夙慧者死心自悟若以為陽艮龍丙火爻于乙

慕于戌陰亥龍乙木爻于丙亦墓于戌以為天根月窟

雌雄交媾立竅和通種種癡人說夢總因誤認謝家五

行不知卦氣之理以訛傳訛盲修瞎煉吾徧觀古來帝

王陵寢以及公卿名墓何嘗有合此四語者若用此四

語擇得合格之地總與地理真機無涉其為敗絕亦猶

是也所謂勞而無功聞余言者不識能惕然有動于中

否

辨陰陽交媾

天地之道不過一陰陽交媾而已天地有一大交媾萬

物各有一變媾變變化化施之無窮論其微妙莫可端

倪而實有其端倪故曰立牝之門是為天地根地理之

遵者雌雄交媾之處則千卷青囊皆可付之祖龍
矣斯理其秘而實在眼前若一指明斷日可覩然斷不
從五行生旺墓上討消息也。壬尺乃曰有乙辛丁癸之
婦配甲庚丙壬之夫又曰陰過陽而非其類號曰陽差
陽見陰而非其耦名曰陰錯仍取必于乙丙辛之墓戌辛
壬之墓辰丁庚之墓丑癸甲之墓未此眞三家村學究
之見也夫陰陽之交媾自然而然不由勉強亦活潑潑
地不拘一方豈可以方位板格死煞排算乎卽以天地
之交媾者言天氣一降地氣一升而雨澤斯沛矣子能

預定天地之交于何方合于何日乎更以男女之交媾
著言陽精外施陰血內抱而胎元斯孕矣子能預擬胎
孕之何法而成何時而結于如天地男女之不可以矯
揉造作則如地理之所謂天根月窟亦猶是矣照惟楊
公都天寶照言之鑒鑒不啻金針暗度余因辨玉尺之
謬而偶泄于此具神識者精思而真悟之或有鬼神之
告也

辨砂水吉凶

今之地理家分龍穴砂水為四事或云龍雖好穴不好

或云龍穴雖好砂水不好何異疑人之類知此
理者只有尋龍定穴之法無尋砂尋水之法正以雖有
四者之名而其實一而已矣穴者龍之所結水者龍之
所源砂者龍之所衛故有是龍則有是穴有是穴則有
是砂水未有龍穴不真而砂水合格者也亦未有龍真
穴的而砂水不稱者也玉尺反曰龍穴之善惡從水猶
女人之貴賤從夫穴雖凶而水吉尚集諸祥是以本為
末以末為本顛倒甚矣且其所謂吉凶者只取四生三
合雙山五行論去來之吉凶而以來從生旺去從墓絕

者爲吉反此者爲凶既屬可笑又以砂水之在淨陰力
位者爲吉在淨陽方位者爲凶先爲拘泥夫水之吉凶
只辨天元衰旺之氣砂者借寶伴主只要朝揖環抱其
形尖圓平正秀麗端莊皆爲吉曜若斜飛反去破碎醜
拙則爲凶殺或題之曰文筆曰誥軸曰御屏曰玉几曰
龍樓曰鳳閣曰仙橋曰旗幟曰堆甲屯兵曰烟花粉黛
諸般名色皆以象取之類應之而不可拘執亦須所穴
背果是眞龍胎息精靈翕聚而后一望臚列皆其珍膳
爾假如一山數塚同見貴砂而上一塚獨發其餘皆否豈

非貴之與賤在龍穴而不關于砂平況四神八國並趨

星峰皆堪獻秀何必淨陰之位則吉淨陽之位則凶龍

穴無貴陰賤陽之外砂水又豈有貴陰賤陽之分那其

云文筆在坤申爲詞訟旌旗見子午爲劫賊高峰出南

離恐驚囘祿日星當日馬必遭瞀疾乾戌有鼓盆之殺

坤流爲寡宿之星寅甲水瘋疾纏身乙辰水投河自縊

又云未離胎而天折多因沖破胎神纔出世而身亡蓋

爲擊傷生无四敗傷生雖有子而母明父暗旺神投浴

恐居官而淫亂可羞諸如此類不可枚舉立辭愈巧其

辨八煞黃泉臐馬水法

理愈虛一謬百謬難以悉辨總其大旨曰癈五行衰旺
之說破陰陽貴賤之名可以論龍穴卽可以論砂水矣
我于是書取其四語曰本主興隆殺曜變為文曜龍身
微賤牙刀化作屑刀此則沙中之金石中之玉也采封
采菲無以下體故特舉而存之

水法中有臐土御街馬上御街其說鄙理不經而最能
使俗人艷慕又有黃泉入煞二種禁忌使人望而畏之
若探湯焉我以爲其說皆妄也夫臐馬貴人起倒見于

六壬在易課中已屬借川與地理豫命皆無干涉世人
學術無本。一見于支傻加豫馬推命象用之地理家亦
用之東那西借以張之子孫繼李之宗祖血脈不通鬼
神不享此在楊曾以前從不見于經傳後之俗子妄加
添設不辨自明夫地理之正傳止以星體爲巒頭卦爻
爲理氣舍此二者一切說玄說妙且無所川之況其鄙
俗之甚者乎其所稱馬貴者亦有之矣曰貴人曰天馬
此皆取星峰而爲名。不在方位也水之御街亦以形論
非以方言至于八煞黃泉尤無根據全然揑造更與借

用者不同夫。天地一元之氣周流六虛入卦方位先天

後天互爲根源環相交合相濟爲用得其氣運則皆生

違其氣運則皆死但當推求卦氣之與衰以爲趨避耳。

從無此卦忌見彼卦此爻忌見彼爻之理若失氣運則

巽見辛艮見丙兌見丁坤見乙坎見癸離見壬震見庚

乾見甲本宮納甲正配尚足以興妖發禍若得氣運雖

坎龍坤兔震猴巽雞乾馬兌蛇艮虎離猪而卦氣無傷

諸祥自致我謂推求理氣者須知有氣運隨時之眞殺

寶無卦爻配合之然曜今眞煞之刻期刻應剝膚切骨

者不知避而拘拘忌八曜之假殺、亦可悲矣、黃泉即四

大水口而強增名色者也、故又曰、四箇黃泉能殺人辰

戌丑未爲破軍、四箇黃泉能救人辰戌丑未爲巨門、故

又文飾其名曰救貧黃泉夫既重九星、大立空水法則

不當又論黃泉矣、何其自相矛盾一至于此、或亦高人

心知其誣而患無以解世人之惑、故別立名色巧爲寬

譬耶、未可知也、其實則單論三吉水可矣、不必論黃泉

也且黃泉所忌于彼所言淨陰淨陽三合生旺墓水法

皆不盡合若論陰陽則乙忌巽是矣、而兩則同爲純陰

庚丁忌坤中癸忌艮辛忌乾是矣而壬則同爲純陽俱
以亦忌此于淨陰淨陽自相矛盾也若論三合五行則
乙水向見巽丁木向見坤辛火向見乾癸金向見艮同
爲墓絕方忌之是矣丙火向見巽庚金向見坤壬水向
見乾甲木向見艮皆臨官方也何以亦忌此于三合雙
山白相矛盾也我卽彼之謬者而以証其謬中之謬雖
有蘇張之舌亦無辭以復我矣玉尺遂�ⓞ其說曰八殺
黄泉雖云惡曜若在生方例難同斷此眞掩耳盜鈴之
術旣云惡曜矣又爲得云生方矣又爲得稱

惡曜孰知惡曜固不真而生方亦皆假也或者又為之

辭曰黃泉忌水去而不忌來或又曰忌水來而不忌去

總屬支離莊無一實我謂運氣乘旺雖黃泉而但見其

福運氣當衰雖非黃泉而立見其禍苟衰旺其要不辨自

明而我偲偲然論之不置者以世人迷惑已久如臨深

坑無力自脫多方曉警庶以云救也嗚呼當世亦有見

余此心者耶

辨分房公位

夫葬者所以安親魄也親魄安則衆子皆安親魄不安

則衆孕皆不安今之世家巨族往往累年不葬甚至遲

之又久終無葬期一則惑于以擇地爲難再則惑于拘

分房之說一子之家猶可子孫愈多爭執愈甚遂有挾

私見以提防用權謀以自便者矣有時得一吉地惑于

旁人之言以爲不利于已而阻之者阻之不已竟葬凶

之禍根使人滅倫理喪良心無所不極其至也豈知葬

地同歸于盡亦可哀哉原其故皆地理青公位之說爲

地如樹木根荄得氣則衆枝皆榮根荄先撥則衆枝皆

萎亦有一枝榮一枝萎者外物傷殘之耳葬親者但論

其地之吉凶斷不可執房分之私見吾觀歷來名宗巨

室往往共一祖地各分均發者甚多亦有獨發一房或

獨絕一房者此有天焉不可以人之智巧爭也或問曰

然則公位之說全謬矣又何以有獨發獨絕者耶曰是

固有之而非世人之所知也其說在易曰震為長男坎

為中男艮為少男巽為長女離為中女兌為少女孟仲

季之分房由此而起也然其中有通變之機非屬此卦

卽應此子應此女之謂也玉尺乃云胎養生沐屬長子

冠臨旺衰屬仲子病死墓絕屬季子卽就彼之言以折

辨正合編　卷之四

子其說也

　　總論後

之生則諸子皆生矣旺則諸子皆旺矣死絕則諸子皆

死絕矣何為以此屬長以此屬仲以此屬季曰亦以其

漸耳折之曰以為始于胎養縫而之旺既而死絕似矣

若有四子以往則又當如何耶其轉而歸于生旺耶抑

另設何名以應之耶此不足據之甚者也世人慎勿惑

蔣子作玉尺辨偽既成或問曰子于是書訛謬辨之則

既詳矣子謂吉凶之理存乎地而非方位之所得而限

也然則八干四維十二支與無有吉凶之當論乎曰何
為其然也我正謂八干四維十二支皆分屬乎卦氣夫
卦氣吉凶之有辨益灼灼矣而持非淨陽淨陰雙山三
合生旺墓之云云也乃茅青囊正理方位之辨寶有之
其秘者不敢宜泄姑就玉尺之文以概舉之玉尺所毀
者曰乙辰日寅甲而以青囊言之乙之與辰寅之與甲
相夫不啻千萬里也有時此吉而彼凶有時此凶而彼
吉者矣所最羡者曰巽巳丙而以青囊言之巽巳之與
丙相去亦不啻千萬里也有時此吉而彼凶有時此凶

而彼吉者矣所最欲分別而不使之混者曰、丙午丁曰
乾亥曰甲卯乙曰辰巽曰丑艮寅而以青囊言之午之
與丙丁亥之與甲乙巽之與辰丑寅之與艮
所爭不過尺寸之間而已有時而吉則必與之俱吉有
時而凶則必與之俱凶矣今乃于其當辨而不可不辨
者如讚精之與勾吻附子之與烏頭一誤用之而足以
入口傷生者反罿之不辨丁其易辨而可以不辨者如
白豦之與黑稗巽色而皆可以養人堇之與鵠異類而
皆可以殺人者屑屑焉悉舉而辨之彼自以爲智而乃

天下之大恩也且生旺死絕之說青囊未嘗不重之故

葬書曰葬者乘生氣也卦氣之所謂死非三合五行之

所謂死卦氣之所謂旺非三合五行之所謂旺世卦氣之

所謂死絕非三合五行之所謂死且地氣之大生地

不知矯而區區誤認一干一支之假生旺而求迎之地

氣之大死絕不知避而區區誤認一干一支之假死絕

而思避之悲夫所謂雀以一葉障目而謂彈者之不我

見也以此為已適以害已以此為人適以害人而已故

夫玉尺之于地理猶鄭聲之于雅樂楊墨之于仁義一

是一非勢不兩立寶有關于世道之盛衰天地之氣數
竊聞嘉靖以前其書尚未大顯至萬歷時有徐之鎮者
爲之增釋圖局而梓行之于是江湖行術之徒莫不手
握一編以來食于世至今日而惑于其說者且徧天下
也悖陰陽之正干天地之和與倣擾五行恖棄三正者
同其禍患有聖人者出而誅并聖之書千陰陽一家必
此書爲之首嗚呼此書之破世運何由而息水火生民
何由而躋在壽哉我弒目望之矣

平砂玉尺辨偽總括歌　　　會稽姜垚汝皐撰

萬卷堪輿總失真　平秒玉尺最堪嗔　二劉名姓憑伊冒

豈有當年手澤存　開國伯渦成佐命　曾將妙訣定乾坤

晚年一篋青囊秘　盡作天家石室珍　天寶不容人漏泄

忍將隱禍中兒孫　片言隻字無窗影　肯借他人齒頰名

秉忠亦是元勳列　敢肙嫌嫉著此經　世上江湖行乞者

只貪膚淺好施行　戶誦家傳如至寶　興災釀禍害生民

幸遇我師乘憫救　苦心辨駁著斯文　竊恐愚夫迷不悟

括成俚句好歌吟　願君細察歌中意　莫枉宗陽一片心

天下山山多順水　此是行龍之大體　眞龍發足不隨他

定是轉關星特起。特起之龍變化多渡水逆行不計要。

玉尺開章說順龍。順水直衝為大旨。水來甲卯兌不收。

水來丁午坎不取。必要隨流到合襟。直瀉直奔名漏髓。

全無真息蔭龍胎。山穴平陽皆失軸。勸君莫聽此胡言。

慷向順流探脈理。八方位位有真龍。交象千支總一同。

山脈陰陽分兩界。此是天然造化工。陽脈出身陽到底。

陰脈出身陰為宗。從無偽落豈有貴賤分雌雄。

若是真胎成骨相。乾坤辰戌也崢嶸。若是空亡無氣脈。

巽辛亥艮盡招凶。品水評砂原一例。三吉六秀有何功。

勸君莫聽此胡言旺相虛埋不通五行相生與相尅

此是後天精㈱質山川妙氣本先天生不須生尅非尅

木行金地㆟成材火入水鄉真配匹南離爐治出真金

陰陽妙處全須逆原說五行顛倒顛庸庸之輩何能識

先天理氣在卦爻生旺休囚此中出量山歩水總一般

眼前盡是黃金陌納甲本是卦中立用他配合皆并的

立向收砂非二格安有長生及官旺全無墓庫與死絕

卦君旺時路路通卦若衰時路路塞有人識得卦與衰

堪笑三合及雙山立空生出并尅出更有祿馬及赦爻

敦正合編　卷五

咸池黃泉八曜然。庸奴只把掌心輪。誤盡天涯聰慧客。

勸君莫聽此胡言。五行顚鬻眞消息。雌雄交媾太陰陽。

月窟天根卦內藏。此是乾坤造化本。會時便號法小王。

楊公說箇團團轉。一左一右兩分張。明明指出夫和婦。

有箇單時便是雙。二十四山雙雙起。八卦之中定短長。

豈料庸奴多錯解。干支字上去商量。誤起長生分兩局。

會同墓庫到其鄉。未曾曉得眞交媾。那裏懷胎與姹孃。

我卽汝言求教汝。陰陽指氣不指方。用庚丙壬是陽位。

有時占陰不噢喝。乙辛丁癸是陰位。有時占陽即喝陽。

陰陽亦在干支上不用排來死煞方眼前夫婦不識得

郤將寡婦守空房勸君莫聽此胡言立筴相通別主張

四大水曰歸其位此是卦之眞匹配如何說到墓庫方

左旋右旋來傳俗諛字會四水四卦逐元輪一元一卦乘

旺氣周流八卦逐時新會者楊公再出世今將墓合作

歸源失運失元迎煞氣勸君莫聽此胡言陽差陰錯非

斯義公位亦自卦中來長少中男各有胎不論干支并

龍脈如何亦取三合推胎養生沐乃云長仲子冠以及

旺衰少子病死并墓絕若然多子作何排世人信此爭

房分停喪不葬冷爲灰◦更起陰謀相賊害傷倫茂理召
天炎陷人不孝并不睦◦此卷偽書作襴胎教顧今人只
求地得地安親大本培親安衆子皆蒙慶休把分房去
亂猜試香闢開諸名墓一祖枝枝產衆材分房蓋爲分
陽宅莫論偏苟到夜臺平砂◦一卷何人作注解翻翻尤
醜惡添圖添局死覩模强把山川牢束縛從謙失郤布
衣宗之鎮直是追魂鑒嘉隆以上無此書萬歷中年方
撲朔從此家家無好墳迄今徧地成蕭索焉得將書付
祖龍兒使卷人生遭毒藥

終

編號	書名	作者	說明
32	命學探驪集	【民國】張巢雲	發前人所未發
33	澹園命談	【民國】高澹園	稀見民初子平命理著作
34	算命一讀通——鴻福齊天	【民國】不空居士、覺先居士合纂	稀見民初子平命理
35	子平玄理	【民國】施惕君	
36	星命風水秘傳百日通	心一堂編	
37	命理大四字金前定	題【晉】鬼谷子王詡	源自元代算命術
38	命理斷語義理源深	心一堂編	稀見清代批命斷語及活套
相術類			
39 – 40	文武星案	【明】陸位	失傳四百年《張果星宗》姊妹篇 千多星盤命例 研究命學必備
41	新相人學講義	【民國】楊叔和	失傳民初白話文相術書
42	手相學淺說	【民國】黃龍	經典 民初中西結合手相學
43	大清相法	心一堂編	
44	相法易知	心一堂編	
45	相法秘傳百日通	心一堂編	重現失傳經典相書
堪輿類			
46	靈城精義箋	【清】沈竹礽	
47	地理辨正抉要	【清】沈竹礽	
48	《玄空古義四種通釋》《地理疑義答問》合刊	沈瓞民	玄空風水必讀
49	《沈氏玄空吹虀室雜存》《玄空捷訣》合刊	【民國】申聽禪	沈氏玄空遺珍
50	漢鏡齋堪輿小識	【民國】查國珍、沈瓞民	
51	堪輿一覽	【清】孫竹田	失傳已久的無常派玄空經典
52	章仲山挨星秘訣（修定版）	【清】章仲山	章仲山無常派玄空珍秘 門內秘本首次公開
53	臨穴指南	【清】章仲山	沈竹礽等大師尋覓一生未得之珍本！
54	章仲山宅案附無常派玄空秘要	心一堂編	玄空六派蘇州派代表作
55	地理辨正補	【清】朱小鶴	簡易·有效·神驗之玄空陽宅法
56	陽宅覺元氏新書	【清】元祝垚	釋玄空廣東派地學之秘
57	地學鐵骨秘 附 吳師青藏命理大易數	【民國】吳師青	玄空湘楚派經典本來面目
58 – 61	四秘全書十二種（清刻原本）	【清】尹一勺	有別於錯誤極多的坊本